Mary Stewart

Le Balai magique

Mary et la Fleur de la sorcière

Illustrations de Shirley Hughes

Traduit de l'anglais (Royaume-Uni)
par Magali Mangin

ROMANS
YNNIS

Cet ouvrage est paru aux éditions Hodder and Stoughton sous le titre original de *The Little Broomstick* en 1971.
La présente édition est une publication Romans Ynnis, un label d'Ynnis Éditions.

c/o Ynnis Éditions
38 rue Notre-Dame-de-Nazareth
75003 PARIS
https://ynnis-editions.fr
Facebook : Ynnis Éditions
Twitter : @YnnisEditions

Traduit de l'anglais (Royaume-Uni) par Magali Mangin

Président : Cedric Littardi
Direction éditoriale : Sébastien Rost
Édition française : Philippe Vallotti
Correction : Sarah Touzeau
Couverture : Sébastien Rost
Maquette : Ynnis Éditions
Fabrication : Céline Antoine
Communication et marketing : Camille Nogueira et Thomas Thus
Coordination : Jeanne Bucher

Les illustrations des pages 1, 195 et 196 sont de Sébastien Rost

À Troy, mon familier résident, et Johnny,
le chat venu du froid

Sommaire

Chapitre 1
La pauvre Mary se lamentait

Même son nom était quelconque. Mary Smith. *Il n'y a rien de plus déprimant*, songea-t-elle ; *être quelconque, avoir 10 ans, se trouver seule, à regarder dans le lointain à travers la fenêtre de sa chambre par un terne jour d'automne, et s'appeler Mary Smith.*

Elle était la seule à être quelconque dans sa famille. Jenny arborait de magnifiques cheveux longs dorés comme les blés, et Jeremy était, aux dires de tous, un beau garçon ; tous deux étaient plus vieux que Mary, plus intelligents et plus intéressants sur tous les plans. Et pour couronner le tout, ils étaient jumeaux. Ils s'avaient l'un l'autre, tandis que Mary, de cinq ans leur cadette, se sentait, à son grand dam, aussi seule qu'une enfant unique. Non pas qu'elle leur en voulût ; il lui avait toujours paru normal qu'ils eussent des choses dont elle était privée. Comme maintenant…

Quand Papa avait annoncé qu'il devait partir un mois aux États-Unis à la fin des vacances d'été et tenait à ce que Maman l'accompagnât, au début, tout avait semblé s'organiser au mieux. Jenny et Jeremy rendraient visite à un camarade de classe de ce dernier, qui possédait une ferme dans le Yorkshire, et Mary irait chez la sœur de Maman, Tante Sue, qui avait trois enfants âgés de onze, huit et quatre ans, et vivait à moins d'une heure de voiture de la mer.

Mais le jour où Jenny et Jeremy étaient partis, une lettre de Tante Sue était arrivée pour dire qu'Oncle Gil et leurs deux aînés avaient la grippe et que Tante Sue ne voulait pas prendre le risque d'accueillir Mary, sans parler du travail supplémentaire qui lui incombait…

Et voilà. Une fois de plus, les jumeaux avaient tiré le gros lot. Ils allaient pouvoir profiter des récoltes, des tracteurs, et même faire des tours sur les deux vieux poneys de la ferme, et Mary ne leur en tenait pas rigueur ; mais la moindre des choses aurait été qu'on la laissât aller attraper la grippe. Au moins, elle aurait été accompagnée.

Assise toute seule près de la fenêtre en ce sombre après-midi d'automne, Mary trouvait la grippe bien alléchante. Elle en oubliait la fièvre, les os endoloris, l'alitement ; elle oubliait même à quel point Timothy, âgé de 4 ans, pouvait être pénible – et l'était la plupart du temps. Elle ne pensait qu'aux bons moments qu'ils auraient partagés tous ensemble pendant leur convalescence, à lire, jouer, discuter et s'amuser. Elle ressassait cette image, se répétant pour la cinquantième fois qu'elle aurait donné n'importe quoi pour être partie attraper la grippe chez Tante Sue avant l'arrivée du courrier qui avait propulsé sa mère, dans tous ses états, vers le téléphone et expédié Mary, dans un torrent d'excuses, chez Grand-Tante Charlotte, pour séjourner dans sa vieille bâtisse tranquille à la campagne.

Rien, pensa Mary, *absolument* rien *ne risque de s'y passer. Si seulement la rentrée était proche – même l'école aurait mieux valu que ça…*

Passablement irritée, elle regardait par la fenêtre les feuilles tomber dans un bruissement et esquisser des motifs sur la pelouse du jardin.

Vieille, gentille et sourde comme un pot, Grand-Tante Charlotte habitait une gigantesque maison de briques rouges au cœur du comté de Shropshire, dont le jardin était séparé de la route principale par un kilomètre et demi de forêt et de vergers de cerisiers. Ces derniers avaient jadis fait partie de la propriété, mais ils étaient à présent exploités par une entreprise locale de maraîchage, qui fermait les grilles à clé, et personne n'avait le droit d'y pénétrer. La moitié de la bâtisse était louée, mais les locataires étaient en vacances. La porte – l'ancienne porte latérale de la demeure – et les volets fermés et verrouillés toute la journée donnaient à la demeure un air encore plus esseulé.

Le village de Manoir-Rouge, une poignée de maisons regroupées autour de l'église et du bureau de poste, se trouvait à plus d'un kilomètre et demi. On y accédait par une petite route guère plus large qu'un chemin de campagne ; Mary était déjà allée se promener dans cette direction, et elle n'y avait encore jamais rencontré personne.

Dans le manoir proprement dit, Grand-Tante Charlotte vivait seule, à l'exception d'une vieille amie et dame de compagnie, Mme Marjoribanks (qui se prononçait Marjribanks), d'une vieille gouvernante écossaise répondant au nom de Mme McLeod (qui se prononçait Maclowd), et d'un vieux pékinois baptisé K'ung Fû-tsze (qui se prononçait Confucius). Il y avait, bien sûr, Mme Banks et sa fille Nancy, qui venaient s'occuper du ménage, et puis Zébédée, le vieux jardinier ; mais tout ce beau monde n'offrait pas une perspective très réjouissante à la jeune Mary Smith, timide petite fille de 10 ans.

Dans le miroir de sa chambre, Mary inspectait sa langue.

Cette dernière rayonnait de santé. Et la fillette se sentait bien.

Elle referma la bouche, poussa un soupir, tira de nouveau la langue à son reflet et descendit au rez-de-chaussée en quête de quelque chose à faire.

Mme Marjoribanks se tenait dans le salon, occupée à trier des fils à broder en soie sur le large rebord de la fenêtre. Un maigre feu brûlait dans le foyer, devant lequel était assis Confucius, qui digérait son déjeuner d'un air boudeur. Grand-Tante Charlotte était installée dans son fauteuil à oreilles à côté de la cheminée, visiblement en pleine digestion elle aussi, mais elle avait l'air beaucoup plus avenante que Confucius. Elle dormait.

Mary traversa la pièce jusqu'au fauteuil sur la pointe des pieds.

Elle s'assit en silence.

Elle regardait Mme Marjoribanks démêler une longueur de soie de couleur puce d'un écheveau rouille. Ces deux tons juraient horriblement. Après les avoir entortillés, tirés et secoués, la dame de compagnie finit par tricher en coupant les deux fils à l'aide de ses ciseaux à broder. Elle entreprit alors de les enrouler autour de torsades de papier journal.

Mary ouvrit la bouche pour proposer son aide dans un murmure.

Mme Marjoribanks la fixa immédiatement d'un œil bleu clair.

« Chhhhhut ! chuinta-t-elle. Tu vas réveiller Confucius ! »

Elle écarta légèrement la boîte de fils en soie de Mary.

« Et Confucius, ajouta-t-elle après coup, réveillera ta grand-tante.

— Mais… rétorqua Mary.

— Chut ! » répéta Mme Marjoribanks.

Mary quitta le salon sur la pointe des pieds et mit au moins deux minutes et demie pour fermer la porte sans faire de bruit.

Elle trouva Mme McLeod dans la cuisine, en pleine préparation d'un gâteau renversé. Celle-ci se tenait devant une grande table en bois, battant un mélange dans une jatte jaune. Elle remarqua à peine la timide arrivée de Mary ; elle parlait toute seule, dans ce qui ressemblait à une langue étrangère. Alors que Mary portait son regard du visage émacié et des bras maigrelets de Mme McLeod à la poêle qui mijotait sur le gaz, une pensée lui vint à l'esprit : *On dirait qu'elle est en train de jeter un sort.*

« Deuz' onces de fairine, maugréa Mme McLeod en battant vigoureusement, et une pencée de levurrre, un chouïa d'sel, du sucre – et vouala !

— Que préparez-vous ? » lui demanda Mary.

Mme McLeod sursauta assez pour que sa cuillère en bois heurtât la jatte et fît trembler sur la table les boîtes contenant le sel, la levure et le sucre.

« Mes z'aïeux ! s'exclama-t-elle. Tu m'ais fait peurrr, ma jolie ! Je n't'ai pas entendue arriver ! Qu'est-ce tu me veux ? »

Elle se remit à battre son mélange et jeta de nouveau un œil sur la page d'un vieux livre de cuisine tout écorné posé en face d'elle, en appui contre un saladier rempli d'œufs.

« 'Fut un temps, expliqua-t-elle, où que je peuvais tout préparer d'tête. Mais p'us maintenant. Deuz' onces d'beurre fendu…

— Je me disais que je pouvais peut-être vous aider, proposa Mary en se rapprochant à tâtons. J'aide parfois Maman quand elle fait des biscuits, vous savez. Elle me donne un peu de pâte et je…

— Alors nan, répondit la gouvernante sans méchanceté. Pas d'biscuits aujeurrrd'hui. Juste ce plat peur le dîner, et il est très compliqué, peur sûr. Peurquoi t'irais pas jouer dehors dans le jardin ? Y fait ben gris, mais pas ben froid. »

Elle fit glisser un doigt plein de farine vers le bas de la page et se concentra de nouveau sur sa recette en fronçant les sourcils.

« D'beurre, ajouta-t-elle. Et un œuf et d'mi ben battu. Un *d'mi*-œuf… a-t-on jamais entendu chose pareille ?

— Le demi-blanc ou le demi-jaune ? » interrogea Mary, en examinant le livre.

Mais à ce moment même, le plat qui cuisait sur le gaz se mit à grésiller et crépiter, et la gouvernante, lâchant sa cuillère, traversa la cuisine en trombe pour retirer une poêle du feu.

« J'vas brrrûler les abrrricots après, ponctua-t-elle. Allez oust ! ma jolie, va jouer dans le jardin ; si tu continues à me tenir le crachoir, j'vas rater le gâteau ! Ch'peux pas faire deux choses à la fouais. »

Mary sortit en traînant les pieds, traversa l'arrière-cuisine et emprunta la porte de derrière.

Nancy, la fille de Mme Banks, ramassait le linge étendu dans le jardin. C'était une grande fille bien en chair avec des bras potelés et rougeauds et des yeux d'un brun vif. Elle sourit à Mary par-dessus la pile de taies d'oreillers qu'elle portait et la salua de sa voix douce du Shropshire.

« Puis-je vous aider à étendre le linge ? » demanda Mary en ramassant les deux pinces tombées par terre pour les remettre avec les autres dans la poche du tablier de Nancy.

Cette dernière s'esclaffa.

« Tout est presque sec, expliqua-t-elle d'une voix chantante. Mère et moi allons nous occuper du repassage maintenant. »

Elle actionna la poulie de la corde à linge, qui s'abaissa à sa portée. Elle décrocha les deux derniers draps et laissa tomber les pinces dans sa poche, au moment même où la voix stridente de sa mère s'élevait de la buanderie.

« Nancy ! Tu m'apportes les draps, ou bien !?

— J'arrive, M'man ! » lança Nancy, qui décocha un nouveau sourire à Mary avant de disparaître par la porte de la buanderie.

Si Mary n'avait pas été à la recherche de Zébédée, le jardinier, il est fort probable qu'elle ne l'aurait pas vu, car, comme tous les bons jardiniers, on avait l'impression qu'il faisait partie du paysage. Dans sa veste élimée et son vieux chapeau défoncé, avec de la corde enroulée autour de son pantalon en guise de genouillères, il ressemblait à quelque chose qu'on aurait laissé traîner dans la cabane à outils. À l'ombre de son horrible chapeau, ses pommettes étaient rouge terre cuite, et le dos de ses vieilles mains noueuses, tapissé d'un labyrinthe de veines et d'os, aurait très bien pu être confectionné dans le même raphia couleur paille qu'il utilisait pour attacher les chrysanthèmes aux tuteurs.

Et c'était à cela qu'il était affairé lorsque Mary le trouva.

Un rayon de soleil automnal fendait le gris du ciel nuageux et ornait d'or les arbres et les feuilles mortes qui bruissaient sous les pas de la fillette à mesure qu'elle traversait la pelouse. Devant une haute haie de cyprès, des chrysanthèmes de couleur bronze, cuivre et soufre opinaient du chef, et ces fleurs, mêlées à la terre, aux feuilles mortes et à l'enchevêtrement de capucines aux couleurs vives qui entouraient leurs pieds, exhalaient la merveilleuse odeur mélancolique de l'automne.

S'interrompant un moment dans son travail, Zébédée l'observa à travers les fleurs, de ses yeux pétillants de vieillard, tel un rouge-gorge, sans dire un mot. Les chrysanthèmes en pagaille hochaient la tête tandis qu'il entourait leur tige de raphia et nouait celui-ci autour du tuteur. Il s'accroupit de nouveau et disparut derrière les fleurs. Mary, qui se tenait au bord de la pelouse, l'interrogea avec hésitation.

« Je peux vous aider à les attacher ? »

Les chrysanthèmes se trémoussèrent de nouveau et une pelote de raphia vola dans sa direction.

Elle la ramassa et fit un pas incertain en avant. Le vieux chapeau miteux de Zébédée réapparut tout à coup trois buissons plus loin le long de la haie, derrière un immense dahlia écarlate ; le jardinier lui tournait le dos, tandis que ses mains s'agitaient au milieu des feuilles qui jonchaient le sol.

Mary jeta un nouveau coup d'œil à la pelote de raphia, décréta qu'il devait s'agir d'une invitation à l'aider, et, écartant les marguerites de la Saint-Michel et les gros dahlias aux couleurs éclatantes, se fraya un passage jusqu'à l'autre bout de la pelouse, au milieu des chrysanthèmes.

Elle entreprit, lentement, soigneusement, d'attacher le raphia au tuteur et d'entourer les tiges en faisant en sorte de ne pas écraser les feuilles. Le vieux Zébédée s'était encore volatilisé, mais – comme s'il s'agissait de son génie familier – un rouge-gorge s'envola de la haie de cyprès pour se percher sur l'un des tuteurs des dahlias, observant Mary avec le même regard pétillant que le vieil homme.

Le rayon de soleil se déplaça lentement à travers le pêle-mêle bariolé de fleurs et de feuilles d'automne. La vigne vierge qui recouvrait les murs du manoir chatoyait telle une tapisserie de soie, tandis que les tons chauds des grandes cheminées baignées par le soleil couchant se détachaient sur le ciel d'un gris sombre.

Mais Mary tira trop fort sur le raphia et cassa la tige d'un chrysanthème.

C'était une grande fleur, peut-être la plus grande et la plus magnifique de toutes, qui se brisa dans un craquement dont l'écho sembla emplir l'air immobile. L'immense fleur ronde or ambré pendait lamentablement, traînant sur le sol jonché de feuilles en décomposition.

Mary regarda la scène avec consternation.

Et soudain, aussi soudainement qu'il s'était évanoui, le vieux Zébédée réapparut à côté d'elle, évaluant les dégâts occasionnés à sa plus belle fleur avec un mélange de dégoût et de colère.

« J'aurais dû m'en douter », asséna-t-il amèrement, d'une voix qui, comme le reste de sa personne, faisait partie du jardin. C'était un filet de voix sifflant, mais étrangement musical, comme le vent qui s'engouffre sous les tuiles.

« J'aurais dû m'en douter. Les gosses et les chiens sont des calamités au jardin. Laisse-ça, ça vaut mieux.

— Pardon », articula Mary tristement et, lui rendant sa pelote de raphia, elle partit d'un air abattu.

Elle trouva une ouverture dans la haie de cyprès et un portillon donnant sur un chemin qui serpentait vers les bois environnants.

Elle suivit le sentier, sans but, avançant sous le poids de plus en plus écrasant de sa solitude à travers l'ombre verdâtre, ses pieds foulant silencieusement le tapis humide de feuilles brunes et jaunes. Sur le côté, un jeune chêne lança sur le chemin une poignée de glands qui firent voleter les dernières feuilles vert pâle prêtes à tomber. Dans un réceptacle formé par l'embranchement d'une racine de hêtre se cachait une flaque d'eau noire, où flottait un duvet de chardon. Elle était surplombée des éventails orange de gros champignons, et des amanites blanches étaient agglutinées en bouquets moites au milieu de la mousse, de la boue et des brindilles en putréfaction.

Tout n'était qu'humidité et décomposition. C'était la fin de l'été.

Mary s'arrêta. Le silence des bois à l'agonie pesait lourd autour d'elle. Dans ce calme, un gland, se détachant de sa cupule, tomba sur la mousse dans un heurt assez fort pour faire tressaillir la fillette.

Puis tout à coup, digne, silencieux et gracieux comme une ballerine, un petit chat noir s'avança au milieu du chemin.

Il était noir de la pointe de ses oreilles au bout de sa queue ; ses pattes étaient noires, tout comme ses moustaches et les vibrisses des aristocratiques sourcils qui surmontaient ses yeux d'un vert émeraude.

Il se tenait en plein milieu du chemin et regardait Mary. Sa bouche s'entrouvrit pour laisser apparaître un triangle de langue rose et des dents d'un blanc immaculé et il lui parla.

Il m'a probablement dit une phrase des plus banales, pensa Mary, *comme : « Ravi de faire votre connaissance » ou « Belle journée, n'est-ce pas ? »* Mais le chat attendait de toute évidence une réponse, alors elle lui lança :

« Enchantée. Je m'appelle Mary Smith. Et toi ? »

Le chat ne répondit pas. Il avait, bien sûr, des affaires plus urgentes à régler. Il tourna le dos à Mary, sa queue poliment dressée en l'air et s'éloigna sur le chemin, s'enfonçant dans les bois. Toutefois, il ne marchait pas comme pour s'éloigner d'elle, mais comme pour l'inviter à le suivre.

Ravie d'avoir trouvé un compagnon là où elle s'y attendait le moins, Mary lui emboîta le pas, en se gardant bien d'essayer de le toucher. Il avait tout l'air de savoir exactement où il allait, et tout autant d'avoir quelque chose d'important à faire, ce qui signifiait que le caresser comme on aurait caressé un chat ordinaire aurait pu sembler insultant.

À un moment, le chat quitta le sentier, se faufila sous des grappes de symphorines et bondit sur une branche de chêne morte tombée au sol. Il y resta en équilibre, observant Mary qui se frayait difficilement un chemin à travers le buisson de symphorines.

Elle s'approcha de la branche. Le chat ne bougea pas, mais la scruta attentivement.

Elle laissa alors échapper une exclamation de surprise et de plaisir. Dans un recoin caché par les symphorines, à l'abri de la branche morte, poussait une poignée de fleurs comme elle n'en avait jamais vues.

Les feuilles, parfaitement organisées en rosaces, étaient d'un curieux ton gris bleuté, mouchetées comme des grenouilles, et surmontées de longues tiges au bout desquelles étaient accrochées les fleurs, des grappes d'élégantes clochettes violettes à la gorge striée d'argent, dont dépassaient, comme de longues langues, d'éclatants pistils dorés.

Mary s'agenouilla sur la branche morte et admira les fleurs, tandis que le petit chat noir remuait sa queue ébène, assis à côté d'elle, l'observant de ses yeux vert émeraude.

Chapitre 2
Les bruits de la nuit

Toujours aussi digne, le petit chat accompagnait encore Mary lorsque celle-ci décida, après un bon moment, de rentrer à la maison, tenant dans une main une unique tige de l'étrange fleur violette qu'elle avait trouvée dans les bois.

Elle emprunta la porte de derrière. La buanderie était fermée, ce qui signifiait vraisemblablement que Mme Banks et Nancy étaient retournées chez elles au village. Mais le vieux Zébédée était dans l'arrière-cuisine, assis sur une caisse, un vieux seau tout écaillé vissé entre les genoux. Celui-ci était rempli d'une épaisse mixture fumante sur laquelle le jardinier s'acharnait à l'aide d'un bâton. Il portait encore son vieux chapeau miteux.

Il la scrutait de sous le bord de son couvre-chef. Repensant au chrysanthème cassé, Mary s'approcha de Zébédée avec une certaine appréhension, en brandissant la fleur violette.

« Pouvez-vous me dire ce que c'est, s'il vous plaît ? demanda-t-elle avec hésitation. Je l'ai trouvée dans les bois. Je n'avais jamais rien vu de pareil. »

La fixant de ses yeux vifs, Zébédée ne semblait lui garder aucune rancœur au sujet de la plante cassée. Il gloussa.

« Oui. Elle pousse dans les bois, pour sûr. Mais je n'en avais pas vue depuis bien longtemps. Où l'as-tu trouvée ?

— Près du chemin. D'ailleurs, c'est le chat qui l'a trouvée.

— Le chat ? répéta Zébédée. Ah, oui. »

Le petit chat le regarda nonchalamment puis entreprit de se laver une moustache.

« Quel est son nom ? demanda Mary.

— Celui du chat ? ou de la fleur ?

— Euh, les deux. »

Le vieux Zébédée se remit à touiller le contenu du seau.

« Il ne s'approche pas souvent de la maison, ce chat, ajouta-t-il. Il n'habite pas vraiment ici ; il est seulement apparu un beau jour, sortant des bois. Je l'appelle Tib.

— Tib », répéta Mary avec application.

Le chat interrompit sa toilette, lui lança un regard, puis se mit à masser son oreille.

« Il y en avait deux, expliqua Zébédée. Un noir et un gris, même gabarit, mêmes yeux, ils se r'ssemblaient comme deux gouttes d'eau. Tib et Gib, je les appelais.

— Je n'ai pas vu de chat gris.

— Il a dû s'installer au village. »

Zébédée hocha du chef.

« Ils sont comme ça, les chats, ils choisissent un bon foyer et s'y installent et rien ne peut les déloger. Je les ai vus tous les deux la semaine dernière, côte à côte sur le mur du presbytère dans le noir, comme deux effraies des clochers.

— Deux quoi ?

— On dit parfois des dames blanches. Des chouettes effraies. Je suis sûr qu'ils sont jumeaux. Tib et Gib, je les appelle. »

Mary regarda Tib. Il avait fini sa toilette et était assis parfaitement immobile, l'observant. Ses yeux semblaient plus verts que jamais.

« J'espère bien qu'il va rester ici ! déclara-t-elle. Tib, tu resteras avec moi, n'est-ce pas ? Ils n'*appartiennent* pas au presbytère, n'est-ce pas, Zébédée ? Peut-être que je peux y aller et demander…

— Les chats n'appartiennent à personne, répondit Zébédée. Ils vont et viennent à leur guise. M'est avis que le chat Gib tient la cuisine du presbytère au chaud, mais ce petit noir hante régulièrement le jardin depuis plusieurs jours. P't-être bien qu'il restera, maintenant qu'il a de la compagnie.

— Mais… et Confucius ? Mme Marjribanks dit qu'il n'aime pas les chats. »

Zébédée émit un rire poussif qui siffla dans ses poumons comme le vent au loin dans les arbres.

« J'ai encore jamais vu de chien capable de chasser un chat, ajouta-t-il. Et je dirais que le chat Tib pourrait faire fuir un roi rien qu'en le regardant.

— Alors s'il reste, lui et moi, nous pourrions partir à la recherche de Gib demain, ajouta Mary. Ce serait super de… enfin, cela me plairait. Et il a l'air doué pour trouver des choses. Vous avez dit que vous connaissiez le nom de cette fleur ? »

Zébédée plongea dans le seau avec son bâton. Il gloussa à nouveau.

« C'est la première fois que tu mets les pieds dans les bois et tu tombes dessus. J'me souviens de mon père qui m'expliquait que les gens venaient des quatre coins du pays pour en cueillir dans les bois de Manoir-Rouge ; j'te parle d'il y a des années, quand on n'avait pas des pharmaciens et des médecins tout le tour du ventre et que les gens de la campagne préparaient eux-mêmes leurs remèdes à base de plantes. »

Il regarda attentivement la fleur en hochant du chef.

« Oui, c'est bien elle, une plante rare pour sûr ; certains ont remué ciel et terre pour la trouver. On dit que c'est le seul endroit où elle pousse, et qu'elle ne fleurit qu'une fois tous les sept ans. »

Mary le regarda interloquée.

« Une fois tous les sept ans ?

— Oui, elle est fort rare.

— Et les gens s'en servaient pour quoi ? » demanda Mary.

Le vieux Zébédée hocha la tête et se remit à brasser le seau.

« Pour des potions et des poudres… Ça, je n'en sais rien. Mais selon la rumeur, elle serait magique.

— Magique ?

— Mais ce sont des histoires, des choses qu'on raconte à la campagne, répliqua Zébédée. Cette fleur doit être dans les livres, probablement, avec un nom compliqué long comme le bras, et étranger qui plus est. Mais comme elle fleurit tous les sept ans, et au moment où les autres fleurs meurent, eh bien, les gens superstitieux disent qu'elle est magique. Et on raconte que jadis les sorcières allaient la cueillir dans les recoins des Montagnes noires, et à l'emplacement de la vieille ville, là où il ne reste plus qu'une mare. »

Ses mots résonnaient bizarrement dans la propreté banale de l'arrière-cuisine, où étaient rangés des paquets colorés de lessive sur une étagère, en dessous de poêles et de casseroles en aluminium, et dont le sol immaculé était baigné d'un pâle rayon de soleil de fin de journée.

Mary baissa les yeux pour inspecter les clochettes qui recouvraient la fine tige, et le petit courant d'air en provenance de la porte secoua les têtes violettes, tandis que les langues dorées oscillaient dans les gorges d'argent.

« Une fleur magique... »

Elle toucha délicatement un pistil de son index.

« Regardez, Zébédée, l'or s'en va... Comment s'appelle cette fleur ?

— Je te l'ai dit, répondit le vieil homme. Je ne sais pas quel nom elle a dans les livres, et les gens ne la cherchent plus comme avant, mais quand j'étais jeune elle avait plein de noms – langue de dragon, clochettes de sorcière, racine de Tib...

— Racine de Tib ! s'écria Mary. Mais c'est le chat ! Tib ! Il l'a trouvée pour moi ! »

Zébédée gloussa une fois de plus.

« C'est sûrement un chat de sorcière, avança-t-il avec bienveillance. Il y ressemble, c'est sûr. C'est pour ça que je l'ai baptisé Tib. En fait, il s'appelle probablement Félix ou Onyx ou Lucifer.

— Il m'a tout l'air d'un Tib, rétorqua Mary avec conviction. Et je suis sûre que c'est un chat doté de pouvoirs. Vous voyez bien qu'il a trouvé la fleur magique pour moi... la racine de Tib.

— C'est un de ses noms, précisa Zébédée. Moi je l'appelle la vol-de-nuit.

— Pourquoi ? »

Mais il ne répondit pas, et quand elle l'interrogea de nouveau, il se contenta de remuer le seau si violemment qu'elle finit par demander :

« Qu'y a-t-il dans ce seau, Zébédée ?

— Du son pour les poules, répondit-il laconiquement. Vilaines bestioles. Méchantes bestioles becqueteuses, les poules. Je hais les poules. »

Et ramassant son seau, il quitta l'arrière-cuisine d'un pas lourd.

Mary le regarda partir, avant de se retourner pour chercher Tib. Mais la pièce était vide, et lorsqu'elle courut jusqu'à la porte de derrière pour inspecter la cour, celle-ci était déserte, elle aussi.

Le petit chat noir s'était volatilisé.

Il était tard cette nuit-là, Mary était couchée depuis un certain temps, et elle aurait dû dormir, quand un curieux événement se produisit.

Elle s'était réveillée, encore somnolente dans la chaleur de son premier sommeil, et au moment même où elle se tournait vers la fenêtre, elle l'entendit.

Au loin, au-dessus des arbres, un sifflement sourd comme une rafale de vent.

C'est curieux, pensa Mary. *Il n'y a pas de vent. Cela doit annoncer une tempête. Quel dommage, je devais passer la journée avec Tib demain…*

Le bruit se fit encore entendre, plus fort, plus près.

Une longue bourrasque stridente, rehaussée d'un chuintement. Tout le long du mur de la maison, la vigne vierge froufrouta comme si elle avait été caressée par les doigts d'un géant, et les fenêtres s'entrechoquèrent.

Mary se raidit, la peau parcourue de frissons.

Et puis, tout à coup, un cri.

Un coup sourd, et le cri cessa comme si son auteur s'était mordu la langue.

Le silence.

Et tandis que Mary, dont le corps tout entier était hérissé de chair de poule, se redressait lentement dans son lit, scrutant la fenêtre, un léger grattement se fit entendre sur le rebord.

Paralysée d'effroi, elle restait assise immobile, puis comme au ralenti, elle tendit la main à la recherche de l'interrupteur de sa lampe de chevet.

Elle le localisa, prit une profonde inspiration et l'actionna. La lumière envahit la chambre et fit battre en retraite le ciel noir de l'autre côté de la vitre. Mais une chose, sombre comme le ciel nocturne, bougea sur le rebord de la fenêtre. Quelque chose tapota et gratta. Deux yeux luisants…

Poussant un immense soupir de soulagement, Mary sauta hors de son lit en direction de la fenêtre.

« Tib ! Tib ! Oh, Tib, tu m'as flanqué une de ces frousses ! »

Elle ouvrit en grand la partie inférieure de la fenêtre à guillotine, et le petit chat noir bondit dans la chambre. Ignorant Mary, il avança d'un pas hautain jusqu'au milieu du tapis et resta là, ondulant de la queue, le poil hérissé de colère, les yeux brillants comme deux feux verts.

Mary se pencha vers lui.

« Tib, que t'arrive-t-il ? Que s'est-il passé ? »

Tib ne lui prêta aucune attention. Le poil toujours hérissé comme une brosse de ramonage, il braquait encore ses yeux verts sur l'extérieur. Mary éteignit la lumière, puis retourna à la fenêtre pour scruter le jardin plongé dans le noir.

L'ombre floue d'un bosquet d'arbres se dressait à l'autre bout de la pelouse. Au-dessus, les nuages lourds s'étaient légèrement retirés pour dévoiler, au loin, un discret damasquinage argenté de poussière d'étoiles. L'air était immobile. Deux étages plus bas, dans l'obscurité de la pelouse, rien ne bougeait.

Après tout, cela n'avait été qu'une rafale de vent.

Et le coup ? Le cri ? Mary referma la fenêtre et, prenant Tib dans ses bras, entreprit de lisser ses poils hérissés. Un combat de chats, probablement. Ils poussent des cris terribles quand ils se battent. Peut-être Gib était-il revenu et ils s'étaient disputés. Même les jumeaux se disputent parfois. Jenny et Jeremy ne s'en privaient pas.

« Nous le retrouverons demain et vous ferez la paix », expliqua-t-elle à Tib.

Elle se remit au lit, et Tib, qui se mit à ronronner, se roula en boule, doux et chaud, contre elle.

Alors qu'ils se préparaient à dormir tous les deux, Mary pensa à quelque chose.

« Tib, lui dit-elle en murmurant dans le noir contre ses poils de velours, Tib… *Comment as-tu réussi à grimper jusqu'à ma fenêtre ?* »

Calant son nez ronronnant contre ses pattes noires repliées, Tib ne répondit pas.

Chapitre 3
Par un matin brumeux

Le matin était, une fois encore, gris. Les nuages qui, pendant la nuit, s'étaient si magnifiquement écartés des étoiles, avaient à nouveau obturé le ciel, et les lourdes têtes des dahlias acquiesçaient dans l'air immobile.

Mary les voyait depuis la fenêtre de la salle du petit-déjeuner, des taches rouge foncé qui se découpaient sur la haie de cyprès. Tib, qui était descendu avec elle, ne s'intéressait pas aux dahlias. Il avait exigé – et reçu – une soucoupe de lait, dont Mary espérait, un peu coupable, qu'il l'aurait terminée avant l'arrivée de Mme Marjoribanks. Grand-Tante Charlotte, qui ne faisait jamais de manières, petit-déjeunait toujours dans sa chambre.

« Dépêche-toi, Tib, s'il te plaît », lui murmura Mary.

Mais Tib se délectait de son repas, et il ne comptait se dépêcher pour personne. Sa petite langue rose lapait le lait avec des mouvements d'une délicatesse et d'une petitesse inimaginables, tout au bord de la soucoupe. Et au grand désarroi de Mary, au moins un quart de chaque lapée finissait par terre.

La voix de Mme Marjoribanks résonna vivement de l'encadrement de la porte.

« Bonjour très chère. As-tu pris ton petit-déjeuner ? »

Mary se retourna en sursaut. Imperturbable, Tib se contenta de renverser un peu plus de lait sur le sol à chaque lapement.

« Bonjour, madame Marjoribanks. Non, pas encore.

— Marjribanks, corrigea celle-ci d'un ton sec. Viens, assieds-toi. Nous le prendrons ensemble. »

Elle n'avait apparemment pas remarqué Tib et sa soucoupe. Elle se dirigea d'un pas leste vers la tête de la table. Par principe, tous ses mouvements étaient aussi vifs et décidés que sa parole, mais en la suivant jusqu'à la table, Mary perçut dans la façon dont Mme Marjoribanks se déplaçait ce matin-là une certaine prudence qui indiquait une rigidité articulaire inhabituelle. En effet, celle-ci s'assit avec la plus grande précaution. Puis elle servit le thé et toutes deux entamèrent leur petit-déjeuner.

La dame de compagnie de Grand-Tante Charlotte était à l'opposé de son amie et employeuse, tant dans ses manières que dans son apparence. Elle était plutôt petite et fine, mais alerte, décidée, bavarde et – disons-le – assez directive. Elle dirigeait la gouvernante, les Banks et les commerçants. Elle dirigeait Grand-Tante Charlotte, qui était ronde, placide et facile à vivre. Elle dirigeait même le pasteur de Manoir-Rouge, même si l'on ne pouvait pas vraiment dire qu'elle dirigeât l'épouse du pasteur. Elle ne dirigeait pas le vieux Zébédée, le jardinier, car elle ne l'avait jamais rencontré ; quand il la voyait arriver, il se fondait, comme un zèbre, un daim ou une sauterelle, dans le paysage. Et Mary suspectait qu'elle aurait du mal à diriger Tib, le chat de sorcière.

Ce dernier, qui avait fini son lait, attira l'attention de Mme Marjoribanks en remerciant Mary poliment et en sautant sur la banquette sous la fenêtre où, avec le plus grand aplomb, il commença à se laver le visage.

Loin de se mettre en colère, Mme Marjoribanks le regardait, mal à l'aise – *presque nerveuse*, pensa Mary.

« Ce chat, déclara-t-elle sèchement, ne fait pas partie de la maisonnée. Comment est-il rentré ? »

Tib regarda Mary, qui décida de garder son secret.

« Il était avec moi dans ma chambre, répondit-elle avec sincérité. Il a dû entrer pendant la nuit. »

Mme Marjoribanks jeta à nouveau un œil sur Tib, qui reprit sa toilette avec un détachement horripilant. Son visage arborait une expression qui avait tout d'un sourire narquois. La dame de compagnie détourna le regard, se tortillant malaisément sur sa chaise.

« Je suis sûre, déclara-t-elle, que ta Grand-Tante Charlotte n'aimerait pas que tu aies un chat dans ta chambre, très chère. Mais peut-être… »

Elle fit une pause dans ses œufs brouillés et dévisagea Mary de ses yeux bleu pâle.

« Peut-être te sens-tu un peu seule ici, entourée de vieilles personnes ? »

Mary tenta poliment de protester, mais Mme Marjoribanks l'interrompit.

« Bien sûr que tu te sens seule ! Et c'est tout à fait compréhensible, très chère, tout à fait compréhensible ; ce n'est pas une maison pour les enfants. Tout du moins, pas pour une enfant seule, même si pour une *famille*, il y aurait bien sûr plein de choses à faire… des endroits à explorer, etc. » Elle acquiesça en regardant Mary avec bienveillance. « Quel dommage que le pasteur soit parti en vacances. Cela aurait été formidable pour toi d'avoir un compagnon de jeu… avec un si beau jardin, qui va jusqu'à la rivière. »

Mary trouvait un peu étrange (en repensant au gentil ecclésiastique aux tempes grisonnantes qui avait officié aux matines le dimanche précédent) que même Mme Marjoribanks le considérât comme un compagnon de jeu acceptable pour une enfant de 10 ans, mais elle n'y connaissait de toute évidence pas grand-chose aux enfants, et elle essayait simplement d'être gentille, alors Mary ne dit mot. Puis elle se souvint que Zébédée lui avait parlé des deux chats sur le mur du presbytère. Peut-être que Tib et Gib vivaient là-bas et avaient erré jusqu'à la maison en quête de nourriture ? Et si Gib était toujours dans les bois, seul et affamé ? Elle jeta un regard à Tib, pour voir qu'il avait terminé sa toilette et l'observait attentivement, comme s'il pouvait lire dans ses pensées.

« Mais le presbytère est vide alors ? demanda-t-elle.

— Oh, non, répondit Mme Marjoribanks. Non. Le vieux M. Spenser – que tu as vu dimanche – y vit en l'absence du pasteur et de sa famille. Ce pauvre pasteur ne peut pas partir en vacances en laissant sa paroisse, tu sais. Il doit trouver quelqu'un pour s'occuper des services à sa place.

— Oh, je vois. »

Mary se raccrocha à la seule chose qui comptait :

« Il y a des enfants, alors ?

— Un. Un garçon, Peter. Il doit avoir à peu près ton âge. Quel dommage, répéta Mme Marjoribanks, qu'ils soient partis.

— Quand reviennent-ils ?

— Ça, je n'en sais rien, très chère. Mais je peux peut-être me renseigner aujourd'hui. Ce qui m'amène à ce que j'avais à te dire. »

Elle posa sa tasse et commença à enrouler sa serviette de table.

« Aujourd'hui, ta Grand-Tante et moi avons promis de rendre visite à une très vieille amie. Une *très vieille* amie, redit-elle pour ne laisser aucun doute. Et c'est un engagement pris de longue date, alors j'ai bien peur que tu ne sois toute seule aujourd'hui.

— Ce n'est pas grave, répondit Mary. Je jouerai avec Tib et j'aiderai dans le jardin et… et d'autres choses. »

La dame de compagnie lui tapota la main.

« Demain, nous organiserons quelque chose pour toi. Nous irons quelque part… faire quelque chose… un pique-nique, peut-être ? »

Elle jeta au ciel gris d'automne un œil sceptique.

Mais Mary sauta sur cette proposition avec plaisir.

« C'est vrai ? Je pourrais faire ça aujourd'hui, s'il vous plaît, madame Marjori… Marjribanks ? Je pourrais aller dans les bois et ce serait formidable si j'emportais mon déjeuner. Même s'il n'y a pas de soleil aujourd'hui, il fait vraiment bon ! Dites oui, s'il vous plaît ! »

Mme Marjoribanks réfléchit un instant.

« Eh bien, je n'y vois aucune objection, finit-elle par répondre. Il fait très chaud pour un mois de septembre, presque trop… Oui, bien sûr, tu as ma permission, ma chère enfant. J'en toucherai deux mots à Mme McLeod pour qu'elle te prépare des sandwiches. À condition que tu n'ailles pas trop loin et ne te perdes pas.

— Non, je ne me perdrai pas, assura Mary. Mais j'aimerais explorer les bois. »

Elle se souvint tout à coup de la « vol-de-nuit » violette, qu'elle conservait dans un verre à dents dans sa chambre. Peut-être Mme Marjoribanks connaissait-elle son vrai nom.

« J'ai trouvé… » commença-t-elle, mais au même moment Grand-Tante Charlotte fit son entrée, et sa phrase resta suspendue dans les airs.

« Ma chère enfant, lui dit Grand-Tante Charlotte naturellement en l'embrassant. Comment vas-tu ce matin ? »

Mary admit qu'elle allait plus ou moins comme hier.

« Et as-tu bien dormi ? demanda Grand-Tante Charlotte, de la voix calme et monocorde des personnes très sourdes.

— Très bien merci, Tante Charlotte. Je me suis réveillée une fois…

— Qu'est-ce qui t'a réveillée ? demanda alors Mme Marjoribanks d'un ton sec, qui surprit Mary.

— Oh un bruit… des chats qui se battaient, je crois, répondit-elle et Mme Marjoribanks se détendit, apparemment satisfaite. Et un grand coup terrible, ajouta Mary.

— Un trou ? s'enquit Grand-Tante Charlotte. Dans ton lit ? Oh, alors ça ne va pas du tout. Je me demande si avec un autre matelas…

— Pas un trou, Tante Charlotte, un *coup* ! rectifia Mary en haussant le ton.

— Oui, ma chère, je sais. Quel dommage. Il n'y a rien de plus agaçant que des trous dans un matelas », déplora Grand-Tante Charlotte.

Mais toute explication supplémentaire fut exclue par l'entrée chuintante et dandinante de Confucius, le vieux et – disons-le – assez désagréable chien de Grand-Tante Charlotte, dans la salle du petit-déjeuner.

Et là, en un éclair, Confucius aperçut Tib et Tib aperçut Confucius.

« Mon Dieu ! s'exclama Grand-Tante Charlotte dans une vaine tentative d'attraper Confucius.

— Mes aïeux ! glapit Mme Marjoribanks, en tentant de se relever de sa chaise d'un geste vif qui, interrompu par une grimace, se convertit en une lente élévation.

— Oh ! » s'exclama Mary, qui n'avait rien à faire de Confucius, mais se préoccupait de Tib.

Mais personne n'avait besoin de s'inquiéter. Tib, le chat de sorcière, se contenta de décocher au pékinois un regard tel que Confucius, qui s'était élancé vers lui, bavant de plaisir et d'excitation, s'arrêta net, se souvenant qu'il avait déjà des obligations très loin de là, et sortit avec ce qui était censé passer pour de la dignité nonchalante, mais ressemblait plus à une fuite en traînant des pattes.

Tib sourit d'un air suffisant, remit en place une vibrisse de sa moustache et suggéra à Mary d'ouvrir la fenêtre pour lui permettre de procéder à sa promenade matinale sur la pelouse.

Peu après que Grand-Tante Charlotte et sa dame de compagnie furent parties rendre visite à leur très vieille amie, Mary, les poches de son manteau remplies de sandwiches, sortit dans le jardin à la recherche de Tib et Zébédée.

Le petit chat n'était nulle part, mais elle trouva le jardinier immédiatement. Il poussait une brouette entre la pelouse et le côté de la maison.

« Bonjour, lui dit Mary. Avez-vous vu Tib quelque part ? »

Zébédée fit non de la tête et poursuivit son chemin. Mary le suivit au pas de course à côté de la brouette.

« Nous allions partir à la recherche de Gib aujourd'hui, voyez-vous, expliqua-t-elle, mais Tib est sorti après le petit-déjeuner et je ne le trouve nulle part.

— J'te parie qu'il réapparaîtra, lui répondit Zébédée en poussant toujours sa brouette. C'est ça, les chats.

— Alors, est-ce que je peux vous aider à nouveau, s'il vous plaît ?

— Et casser mes fleurs pour sûr ? lui rétorqua Zébédée, mais le regard qu'il lui lança sous le rebord de son ignoble chapeau n'était pas antipathique.

— Non, je vous le promets. N'y a-t-il pas quelque chose de facile que je puisse faire ? »

Zébédée reposa sa brouette et en sortit une bêche, une fourche et un balai de jardin composé de brindilles fixées à un robuste manche.

« Il y a des feuilles à balayer, répondit-il, en lui tendant le balai. Quel vilain mois, ce mois de septembre. Quel désordre. Tiens. Normalement tu ne dois pas pouvoir causer beaucoup de dégâts en balayant… à condition que tu ne casses pas mon balai en prime. »

Il émit un petit sifflement qui passa pour un gloussement et, empoignant la bêche, il commença à trancher la bordure sous les fenêtres de la maison.

Mary se lança dans le balayage des feuilles.

Sa mission avait l'air d'un jeu d'enfant, mais elle ne tarda pas à découvrir, aux prises avec l'immense balai, qu'elle était non seulement difficile, mais quasi impossible. Elle commença par essayer de balayer autour d'elle en effectuant de grands demi-cercles, mais les feuilles ne faisaient que s'enrouler sous les brindilles de l'engin et retourner dans un joyeux bruissement jusqu'à leurs tas sous les arbres. Puis elle saisit le balai – qui la dépassait de plusieurs centimètres – juste au-dessus de la tête de brindilles, et essaya de balayer par petits coups en le tenant à la verticale, mais c'était épuisant et elle avait l'impression d'éparpiller les feuilles encore plus.

Quand elle eut enfin rassemblé un tas de feuilles respectable, Tib jaillit de nulle part. S'élançant au milieu du tas, il exécuta deux roulades, lança deux poignées de feuilles mortes dans les airs avec ses pattes, réalisa trois tours sur lui-même, avant de couronner le tout d'un saut latéral avec sa queue arrondie en point d'interrogation.

« Oh Tib ! s'exclama Mary exaspérée. Et si tu t'imagines que je vais jouer avec toi après ça, tu te trompes ! Tu n'as qu'à attendre que j'aie terminé ! »

Elle poursuivit son labeur et finit par rassembler un bon tas de feuilles dans la brouette, qu'elle poussa dans la direction où Tib était parti, vers le tas de compost à côté du mur du potager.

Elle n'arriva pas à renverser la brouette, mais elle réussit à transvaser son chargement et s'apprêtait à reprendre les poignées pour le trajet du retour, lorsque son œil fut attiré par un objet nonchalamment posé au milieu des brindilles et des déchets qui attendaient d'alimenter un feu plus loin contre le mur.

C'était un petit balai.

Mary courut jusqu'au feu pour retirer le petit balai de la pile. Sa taille était parfaite pour elle, il était léger et maniable, et muni d'une tête de brindilles de bouleau bien dures. Ravie, elle le lança dans la brouette et poussa sa trouvaille jusqu'à la pelouse.

« Zébédée, regardez ce que j'ai trouvé ! » appela-t-elle, mais le vieux jardinier était, une fois de plus, invisible.

Tout comme Tib. Tout du moins c'était ce que pensait Mary, jusqu'à ce qu'un craquement et un remue-ménage à la cime d'un tilleul ne fissent apparaître le petit chat noir délicatement en équilibre sur une haute branche.

« Fais attention, Tib ! » lui cria-t-elle, mais voyant l'aisance et la légèreté avec laquelle il se déplaçait, elle ne tarda pas à retourner à sa tâche, et les feuilles se rangèrent docilement en tas sous les coups du petit balai.

Malgré la grisaille, il régnait une chaleur étouffante, et le ciel écrasait de ses lambeaux de nuages les feuilles qui lestaient les arbres. De-ci, de-là, dansant dans l'air immobile, des feuilles de tilleul, de chêne et de hêtre pourpre lâchaient prise et venaient grossir les monceaux rouille et ocre sur la pelouse. Quelque part, le chant flûté d'un rouge-gorge se fit entendre.

Encore une charge de brouette, pensa Mary, *et je demanderai à Tib de descendre du tilleul pour que nous allions tous les deux déjeuner dans les bois.* Zébédée était déjà parti manger ; il n'y avait aucun signe de lui.

Elle s'interrompit dans son travail et resta immobile un moment, prenant appui sur le balai. C'était une chaude journée. Elle dégagea ses cheveux de ses yeux et remarqua une lueur violette dans l'herbe. Une vol-de-nuit reposait sur le sol. La fleur avait dû tomber hier lorsqu'elle avait rapporté son trésor à la maison.

Elle la ramassa.

Mais la clochette, toute ramollie, s'écrasa dans sa main et le long de ses doigts coula le suc violet et rouge de ses pétales, et pailleté d'or de sa langue jaune. Mary laissa tomber la fleur écrasée dans sa poche et frotta vigoureusement sa main poisseuse sur le manche du balai.

Et elle retourna à son balayage.

Quand quelque chose se produisit.

Au contact du suc violet, le petit balai bondit, se retourna violemment, et botta comme un poney. Comme par réflexe, Mary s'y cramponna, mais il s'était tortillé entre ses jambes, et elle tomba.

Pourtant, elle ne toucha pas le sol.

Alors qu'elle était penchée en avant, s'agrippant au manche du petit balai, la tête de brindilles coincée entre ses genoux, le balai se cabra, se secoua furieusement, et décolla en flèche en direction de la cime des arbres dans un bruissement semblable à celui d'une légère brise.

Et alors qu'il frôlait les branches les plus hautes à toute allure, avec Mary s'accrochant désespérément au manche, on entendit un cri, un crissement de brindilles et, les pattes étendues comme un écureuil volant, Tib bondit du tilleul à l'arrière du balai. L'engin accusa l'impact avec un léger à-coup avant de filer vers le ciel, à la verticale, droit comme une lance, en direction de la masse de nuages.

Chapitre 4
Au-delà des nuages

Tout à coup, ils avaient atteint la couverture nuageuse, transpercé sa bordure inférieure et ils traversaient à bride abattue un tourbillon de gris. Ce qui ressemblait de loin à un baldaquin drapé de nuages chargés d'eau se révélait, au passage du balai, une masse tourbillonnante, un bouillonnement de mousse étincelante. Le balai y surfait comme sur la mer, transperçant silencieusement des volutes de brume, laissant derrière lui une coulée de brouillard telle l'écume dans le sillage d'un hors-bord.

« Oh, Tib ! cria Mary, dont les mots furent noyés dans le tourbillon du nuage. Tib, que faire ? C'est un *balai de sorcière* ! »

Tib ne répondit pas et Mary, inquiète qu'il ne fût tombé au cours de leur folle ascension, tourna la tête pour vérifier. Ce mouvement fit faire au balai une embardée si violente que, terrifiée, elle se résigna et concentra toute son attention sur le manche, qu'elle agrippa de ses mains et de ses genoux.

Mais du coin de l'œil, elle aperçut Tib, aplati contre la tête du balai, comme une limace noire, ses griffes profondément plantées dans le bois, ses yeux verts flamboyant, et sa queue de jais flottant derrière lui comme un fanion.

Soudain, poussés par un élan, ils furent projetés hors de la brume grise dans l'éclatante lumière du soleil. Ralentissant, le balai revint à l'horizontale et se mit à voler tranquillement au-dessus de la surface du nuage.

Au-dessus d'eux se déployait dans toute son immensité l'étincelante voûte céleste et autour, à perte de vue, s'étendaient d'éblouissants nuages comme un tapis de neige en mouvement, dont s'échappaient de fines gouttelettes arc-en-ciel.

Mary en resta bouche bée d'émerveillement, de peur et d'excitation, tandis que son singulier destrier glissait avec aisance sur le scintillant tapis céleste.

« Et moi qui ai dit qu'il risquait de ne rien se passer ! Mais Tib, comment faire pour redescendre ? »

Comme pour lui répondre, le balai vira légèrement sur la gauche, et Mary entendit Tib cracher de contrariété lorsque l'une de ses griffes lâcha prise.

Droit devant se dressait de toute sa hauteur un cumulus [1], un nuage noir annonçant l'orage. Il semblait s'avancer vers eux, lentement, tel un immense iceberg se frayant un chemin à travers la banquise. Mais entre la mer blanche sur laquelle ils naviguaient et le plancher du nuage ponctué d'éclairs, Mary aperçut un golfe, un immense gouffre vert sapin, déchirant le cumulus comme un abîme. Avec un frémissement qui l'agita du bout de son manche à l'extrémité de ses brindilles, le balai magique s'y dirigea en gagnant de la vitesse.

1. Il s'agit en fait d'un cumulonimbus, les cumulus étant des petits nuages blancs présents lors de belles journées ensoleillées. (N.D.É.)

« Tib ! s'écria Mary. Accroche-toi, je crois qu'on va descendre… Oh ! »

Cette dernière exclamation fut ponctuée d'une accélération soudaine du balai, qui émergea du nuage pour franchir l'abîme vert qui s'éloignait sous leurs pieds.

Mary entrevit, cerclée de brume, une campagne verte, sillonnée de cours d'eau argentés, s'étendant telle une carte tout en bas… Puis, le paysage tout entier prit un virage, se renversa avant de se redresser brusquement quand soudain le balai inclina son nez et partit en piqué.

Plus bas, plus bas, plus bas… L'air lui coupait le souffle tandis qu'elle essayait de coller sa poitrine contre le balai.

Plus bas, plus bas, plus bas, et la carte verte et argentée se précipita vers elle… se mua en collines émeraudes et en rivières serpentantes… en forêts, en champs et en haies… en bosquets, en arbres et en tapis de fleurs… quand tout à coup Mary se vit voler au-dessus des cimes feuillues, et le balai, de nouveau à l'horizontale, poursuivit sa course à une vitesse beaucoup plus raisonnable par-dessus les haies d'un chemin sinueux.

La haie de gauche céda sa place à un haut mur percé d'un portail, un gigantesque portail flanqué de piliers au sommet desquels se dressaient des griffons de pierre. Il était fermé, mais le petit balai passa aisément pardessus, évitant d'une quinzaine de centimètres la patte tendue de l'un des griffons, puis traversa tranquillement le parc boisé en direction des cheminées que l'on apercevait dans le lointain au bout d'une longue allée.

Mary ne tarda pas à distinguer nettement la demeure. C'était un assez grand bâtiment qui avait tout l'air d'un ancien château. Elle était en pierre grise, entourée de remparts, mais avait été réparée par endroits avec de la brique rouge, et le sommet de la plus haute tour avait été retiré et remplacé par un dôme de verre en forme d'oignon, tandis qu'une autre tour était coiffée d'un toit plat, dont dépassait quelque chose qui ressemblait étrangement à un plongeoir.

Au centre du corps de logis se dressait un large escalier conduisant à une imposante porte. D'un côté de ce bloc central s'étendait une aile de bâtiments moins hauts ; de plain-pied, ils semblaient de facture moderne. De l'autre côté, à droite, une ancienne cour de ferme, pavée et envahie par les herbes, encerclée par des écuries et une remise, était reliée au parc par une galerie voûtée couronnée d'une tour de l'horloge où une girouette dorée tournait nerveusement.

Comme si, pensa Mary, *le petit balai était un aimant, et à son approche il faisait s'affoler l'aiguille d'une boussole…*

Le balai prit un virage serré pour éviter la tour de l'horloge et frôla le toit du hangar à calèches avant de plonger pour atterrir en douceur.

Quelque part, un coq chantait avec excitation.

Mary tendit les pieds de part et d'autre du balai pour toucher le sol, pleine de gratitude.

« Oh, Tib ! … » amorça-t-elle à nouveau, mais elle ne put jamais finir sa phrase, car le petit balai entreprit assez méthodiquement de l'éjecter.

À la première ruade, Tib fut projeté au sol, avec un crachement de surprise. À la seconde, Mary, après un vol plané, atterrit avec un bruit sourd sur les pavés envahis par la verdure, aux pieds d'un petit homme qui, assis sur un ancien montoir, avait observé toute la scène sans le moindre étonnement.

Chapitre 5
À cheval sur un balai

C'était un petit homme bizarre, pas un nain, mais conçu à si petite échelle, si rabougri, ratatiné et recroquevillé sur lui-même, qu'il était à peine aussi grand que Mary. Il avait un visage brun anguleux, ridé et buriné comme du cuir craquelé, et de petits yeux verts et brillants. Il portait des hauts-de-chausses froissés et une vieille veste verte.

Tandis que Mary, ébranlée, perplexe et se sentant particulièrement ridicule, se relevait sur les pavés, le petit homme retira le brin de paille qu'il avait dans la bouche et s'adressa à elle :

« Tu vas avoir besoin de quelques cours », déclara-t-il.

Époussetant son manteau, Mary le regarda fixement :

« Des cours ? »

Il acquiesça.

« Des cours pour apprendre à monter à balai. Tu n'aurais pas dû tomber comme ça… même si le tien n'est pas une monture facile. Il est capricieux. Tu as eu de la chance d'arriver aussi loin. »

Il s'adressa au balai d'un ton autoritaire, dans ce qui ressemblait à une langue étrangère. L'engin, qui folâtrait autour d'eux, tomba au sol, immobile, lorsque le petit homme lui parla.

Ce dernier descendit du montoir et le ramassa.

« Mais je ne comprends pas ! s'écria Mary. Qui êtes-vous ? Où sommes-nous ? Que s'est-il passé ? »

Le petit homme ne fit pas attention à elle. Il tapota le balai et le glissa sous son bras.

« Il va rester tranquille maintenant, mais il vaut mieux le mettre à l'écurie jusqu'à ce que tu veuilles le reprendre. Viens, je vais te montrer. »

Emportant le balai, il conduisit Mary à travers la cour jusqu'à une demi-porte verrouillée qui barrait l'accès à l'intérieur sombre d'une écurie. Il ouvrit le vantail et passa le premier. Mary le suivit. Dans le rayon de soleil qui perçait à travers la porte ouverte, des grains de poussière dansaient comme des lucioles. Le sol en pierre striée était recouvert d'un agréable fouillis de caisses, de paille, de sacs et de cordes, comme dans n'importe quelle écurie. Il y avait même des râteliers à foin vides fixés au mur. Mais pas de chevaux.

Sur le mur qui faisait face à la porte, chacun dans un petit compartiment ressemblant à un rack à vélos, se tenaient une douzaine de balais. Certains étaient cabossés et vieillots comme celui de Mary, tandis que d'autres semblaient quasi neufs.

Suspendant celui de Mary entre deux grands balais de jardinage assez crasseux, le petit homme les signala avec dédain.

« Des engins modernes, déclara-t-il, une grimace tordant son visage parcheminé. Mécaniques, comme ils les appellent. Bien sûr, ils sont beaucoup plus rapides, mais moi je préfère un bon vieux balai qui ait besoin d'un vrai pilote aux commandes. Comme celui-là. »

Il tapota le petit balai.

Il semblait trouver tous ces événements ahurissants tellement normaux que Mary, de peur de sembler ignorante, ravala ses questions et se contenta d'ajouter, prudemment :

« C'est vrai qu'ils ont l'air plus récents, monsieur… monsieur comment ?

— Flanagan. Danny Flanagan. Tu peux m'appeler Danny. Plus récents ? Regarde celui-ci. »

Il désigna un manche flambant neuf auquel était attachée une étiquette portant le nom HARRODS.

« Plus récents !? l'interrogea-t-il à nouveau, la voix déraillant de mépris. Fabriqués d'hier, plutôt, et en quoi ? Pas en brindilles, non, pas en noble bouleau comme un solide balai de bonne famille. C'est terminé tout ça. Ils utilisent toutes sortes de matériaux sophistiqués, avec des noms prétentieux, comme dans le laboratoire de la directrice. Ils appellent ça du nylon. »

Il cracha.

« Du *nylon*. Et des boîtes à trois vitesses. Et bientôt quoi !? Et bientôt quoi, je te le demande !? Des moteurs !? Tu vois ce papier sur le mur ? C'est l'une d'eux qui l'a rapporté la semaine dernière. Elle pensait que ça pourrait m'intéresser, qu'elle m'a dit. M'intéresser ! Regarde-moi ça ! »

Mary y jeta un œil. L'objet d'un tel courroux était une page de catalogue qui avait été punaisée sur le mur de l'étable. On y voyait la photographie d'une dame très chic à la mine réjouie, montant en amazone un engin rose assez sophistiqué et versant du liquide fumant d'une cafetière tandis qu'elle traversait des nuages qui ressemblaient à de la mousse de savon. Au-dessus, on pouvait lire, en grandes lettres noires : « SORCIÈRES ! HARRODS VOUS PROPOSE L'HÉLIBALAI ! » En dessous, en petits caractères, se trouvait un paragraphe où Mary distingua les termes « télécommandé... coloris pastel... moteur à deux temps en aluminium... télescope et percolateur assortis... » Et tout en bas, en tout petit : « Prix : 874,75 £ ».

« Alors ? » l'apostropha M. Flanagan.

Il lançait sur elle un regard furieux. Elle se dit qu'elle n'avait jamais vu des yeux d'un vert aussi vif.

« C'est horriblement cher », hasarda-t-elle.

Il émit un grognement.

« Même si j'avais deux fois le budget pour ce genre de balai, crois-tu que ça ferait mon affaire !? À moi !? Moi sur un balai pour dames couleur pastel avec un moteur en aluminion !? Un hélibalai !? »

Sa voix était mordante de mépris.

« Je préférerais encore un plumeau ou un de ces Hoovercrafts ultramodernes. Ces machins vont m'ôter le pain de la bouche.

— Ah bon ? s'exclama Mary, surprise par la normalité de cette phrase. Vous avez du pain ici ? »

M. Flanagan la dévisagea.

« Et pourquoi n'en aurions-nous pas ? Il n'y en a pas chez toi ? Tu dois venir d'un endroit bien bizarre s'il n'y a même pas de pain.

— Bien sûr que si. D'ailleurs, j'en ai ici. J'ai pris un pique-nique. »

Elle sortit son déjeuner de sa poche et entreprit de le déballer.

« Aimeriez-vous un sandwich, monsieur Flanagan ? »

Celui-ci lui fit non de la tête.

« Le mien sera servi plus tard. Mais mange le tien maintenant, le temps presse. Viens, mets-toi au soleil. »

Et avant qu'elle pût lui demander ce qu'il avait voulu dire, il prit les devants et sortit de l'écurie en refermant la demi-porte derrière eux.

Le soleil était délicieusement chaud. M. Flanagan retourna s'asseoir sur le montoir et tapota la pierre à côté de lui, invitant Mary à le rejoindre. À son grand soulagement (car elle avait totalement oublié son existence jusqu'alors), la fillette aperçut Tib, tranquillement assis au soleil, en train de faire sa toilette. Elle s'installa à côté de M. Flanagan et attaqua son déjeuner.

« Pourquoi avez-vous dit que ces nouveaux balais allaient vous ôter le pain de la bouche, monsieur Flanagan ?

— Danny.

— Pourquoi, Danny ?

— C'est mon travail, répondit simplement M. Flanagan. Toute ma vie j'ai enseigné l'art de monter à balai. Et je te parle de monter pour de vrai, pas de se contenter de tirer sur des leviers et appuyer sur des boutons, mais comment s'accrocher, quoi qu'il arrive, par tous les temps et quelle que soit la vitesse – et comment maîtriser un balai qui rue à 300 mètres d'altitude par une nuit sans lune, avec une tempête à l'horizon. »

Il accompagna ses paroles d'un signe de tête en regardant Mary de ses yeux verts étincelants.

« *C'est ça*, monter à balai, déclara-t-il. Et pas seulement ça, il faut savoir quels mots employer.

— Comme ceux que vous avez dits à mon balai ?

— Ceux-là sont assez simples. Ce sont les mots pour s'arrêter. Mais il y a beaucoup à apprendre. Et toi, ma petite fille, ajouta M. Flanagan d'un ton sévère, m'est avis que tu as encore beaucoup à apprendre. Je ne me souviens pas de t'avoir déjà vue ici… Depuis combien de temps viens-tu prendre des cours ?

— Des cours ? répéta Mary d'un air ahuri. Je… Je ne suis jamais venue. Vous voulez dire des cours pour *monter* ce balai ?

— En tout cas je suis sûr de ne t'avoir jamais eue dans ma classe, affirma M. Flanagan. Sinon tu ne serais pas tombée comme une pierre à mes pieds. Non, tu dois certainement étudier d'autres matières à l'Académie.

— À l'Académie ? répéta Mary. Quelle Académie ? »

Il pointa du doigt l'autre côté de la cour, là où, sous la tour de l'horloge, la galerie voûtée reliait la cour des écuries et le parc. D'un côté de la galerie se trouvait une affiche accrochée au mur. Mary pouvait la lire assez facilement de là où elle était assise.

« ACADÉMIE ENDOR
Tous les examens sont préparés
par un personnel compétent
composé de sorcières hautement qualifiées.
Sous la supervision de
MADAME MUMBLETCHOUK, M. M., Lic. Sorc.,
Directrice »

« C'est ça, expliqua M. Flanagan. C'est l'Académie, et l'une des meilleures de sa catégorie. Et maintenant, si tu as terminé ton déjeuner, tu ferais mieux d'y aller. Tu ne veux pas arriver en retard en cours pour ton premier jour, n'est-ce pas ?

— Mais je ne veux pas... »

Mary fut interrompue par le son d'une cloche provenant de l'intérieur du bâtiment.

« Dépêche-toi ! lui cria M. Flanagan, se propulsant du montoir et la traînant derrière lui. C'est la première sonnerie. Il te reste trois minutes et elle doit te chercher. »

Il la prit par le bras et la pressa de se diriger vers la galerie.

« Mais je préférerais rester ici et discuter avec vous ! s'époumona Mary, freinant des quatre fers. Je ne suis pas obligée d'y aller, n'est-ce pas ? Il s'agit d'une erreur – personne ne m'attend.

— Bien sûr que si. Tout le monde sait que tu es là. N'as-tu pas entendu le chant de notre coq de garde ? »

Tout en la forçant à avancer, M. Flanagan fit un signe de tête en direction de l'étincelante girouette au-dessus d'eux.

« Et tu vois bien qu'il tourne sur son axe comme s'il allait décoller vers la Lune ou les jardins de Jérusalem.

Viens, ma chère, n'aie pas peur. Ton petit chat y est déjà. »

Mary constata qu'il avait raison. Tib les avait devancés et s'aventurait hors de la galerie pour gambader dans le parc baigné de soleil. Il s'arrêta et se retourna. Il avait l'air alerte et impatient, *comme si*, pensa la pauvre Mary, *c'était ce qu'il attendait depuis le début.*

« Et cela me fait penser, lui dit M. Flanagan à l'oreille, n'oublie pas cela, ma chère : c'est très strict ici, vraiment très strict. »

Et il signala une autre affiche, petite mais péremptoire, qui était accrochée au mur extérieur de la galerie.

On pouvait y lire :

« Les familiers sont interdits dans le parc
sauf tenus en laisse. »

M. Flanagan plongea comme un canard et se redressa en tenant un Tib outré.

« As-tu une laisse ?

— Non. Et puis, ce n'est pas un familier, c'est Tib.

— Ce n'est pas un familier ? Noir comme il est et avec des yeux comme des émeraudes ? Il ne manquerait plus que tu me dises que tu n'es pas une sorcière ! Et puis nous savons tous les deux que tu ne serais jamais arrivée aussi loin sur ton balai, sachant que tu n'as pris aucun cours, si tu ne connaissais pas les mots. Dépêche-toi, c'est la deuxième sonnerie. Attache-le avec une ficelle et rentre. Vite ! »

Dans la confusion la plus totale et gagnée par l'empressement de M. Flanagan, Mary, presque sans réfléchir, plongea la main dans la poche de son manteau et en ressortit une longueur du raphia du vieux Zébédée. C'est alors que M. Flanagan bondit en poussant un son de satisfaction et avant qu'elle comprît ce qui se passait exactement, Mary se retrouva en train de traverser une vaste étendue de graviers en direction de la grande porte de l'édifice, tenant fermement dans sa main une extrémité du raphia, et Tib – assez vexé, mais très digne – marchant d'un pas hautain devant elle avec l'autre extrémité lâchement nouée autour de son cou. L'air était immobile et silencieux. Pas un seul oiseau, pas un, ne chantait dans les arbres.

Ils se trouvaient à présent au pied du grand escalier conduisant à la porte principale. Lui aussi était décoré de griffons. Ceux-ci étaient assis sur leur piédestal en pierre, de part et d'autre des marches. Sur le socle de droite, Mary vit un nouvel avertissement. On y lisait simplement :

« LES INTRUS
SERONT
MÉTAMORPHOSÉS »

Mary fixa le message, s'arrêta net et se retourna rapidement pour regarder derrière elle.

M. Flanagan s'était évaporé. Et en retournant dans la cour des écuries, il avait refermé la porte derrière lui. La galerie était condamnée par une grande pièce de chêne clouté.

Puis la porte principale de l'Académie s'ouvrit. Une grande dame vêtue de noir en sortit et s'arrêta en haut des marches. Elle appela Mary.

Cette dernière jeta un coup d'œil à Tib. Le chat la regarda de ses yeux vert émeraude, vides de toute expression.

La dame l'appela à nouveau.

Mary gravit les marches jusqu'à elle.

Chapitre 6

Venez dans mon boudoir

La dame qui se tenait en haut des marches était grande et belle. Elle avait les cheveux bruns, noués en un imposant chignon qui recouvrait sa nuque, et la jupe de sa longue robe noire balayait le sol. Et elle portait des diamants. Une profusion de diamants. Des bagues, des pendentifs, des broches et des boucles d'oreilles aussi grosses que des marguerites. Mary se dit qu'il devait s'agir d'une reine, ou au moins d'une duchesse, mais il semblait que M. Flanagan et les avertissements avaient dit vrai, car elle sourit aimablement à Mary, et lui dit :

« Je suis la directrice, madame Mumbletchouk. Vous pouvez m'appeler Madame.

— Merci, répondit Mary poliment en agrippant la laisse de Tib.

— Bienvenue, poursuivit Mme Mumbletchouk d'une voix grave et forte, à l'Académie de magie Endor.

— Merci, répéta Mary, mais je ne suis pas sûre…

— Vous êtes, bien évidemment, ajouta la directrice avec un regard perçant, une nouvelle élève ? Quand je vous ai vue approcher avec votre familier – elle désigna Tib –, j'ai tout de suite su que vous étiez des nôtres. Et pas, ajouta-t-elle d'un air entendu, une intruse ? »

Mary se souvint qu'il était assez dangereux d'être une intruse ici. Les intrus étaient métamorphosés. Et elle n'avait aucunement l'intention de l'être.

Elle répondit avec conviction :

« Je suis une nouvelle élève, Madame, merci.

— Excellent, excellent. Je suis sûre que vous aurez de bons résultats et serez très heureuse parmi nous. »

La directrice tourna les talons et la précéda à l'intérieur du bâtiment. Celui-ci s'ouvrait sur un vaste hall d'entrée, à la gauche duquel se trouvait une porte ouverte donnant sur ce qui avait tout l'air d'un bureau. Mary y aperçut un grand secrétaire, une bibliothèque et des classeurs à tiroirs le long du mur. Sur la porte était peint en noir le mot DIRECTRICE. Tout cela était rassurant de normalité.

Mme Mumbletchouk s'arrêta devant la porte du bureau.

« Voyons voir, vous étudierez parmi nous en qualité d'interne ou d'externe ?

— D'externe, s'il vous plaît, s'empressa de répondre Mary.

— Parfait. Eh bien, il ne nous reste plus qu'à décider de la classe où vous allez commencer et nous pourrons vous inscrire en bonne et due forme. Comment vous appelez-vous, chère enfant ?

— Mary Smith. »

Mme Mumbletchouk la regarda attentivement.

« Oui, bien sûr. Vous vous appelez toutes comme cela. Vous devez être la soixante-troisième. Ou la soixante-quatrième, peut-être ?

— La soixante-quatrième quoi ? s'enquit Mary, surprise.

— La soixante-quatrième Mary Smith, répondit Mme Mumbletchouk. La plupart des sorcières préfèrent étudier sous un pseudonyme, et elles choisissent le meilleur nom pour passer inaperçues. Bien sûr, si nous avions un jour quelqu'un qui s'appelait vraiment Mary Smith… Mais cela n'est pas important pour l'instant. Je vais vous faire visiter les salles de classe, puis nous discuterons des matières que vous étudierez. »

Au fond du hall, deux couloirs partaient à gauche et à droite. Mme Mumbletchouk emprunta celui de droite.

« L'autre conduit à l'aile des internes », expliqua-t-elle, et Mary se souvint des bâtiments récents de plain-pied qu'elle avait aperçus depuis les airs.

« Ce chemin mène aux salles de classe et aux laboratoires. Venez, Mary… euh… Smith.

— Mais je m'appelle *vraiment* Mary Smith ! » protesta Mary, se hâtant derrière elle à travers un long corridor sombre baigné d'une lueur verte.

La directrice n'avait pas l'air de l'avoir entendue. Elle ouvrit la porte de ce qui devait être une salle de classe.

Mais celle-ci ne ressemblait à aucune salle de classe que Mary eût jamais vue ou même imaginée. Pour commencer, elle était plongée dans l'obscurité – à tel point que Mary distinguait à peine le visage des élèves assises aux pupitres situés en contrebas de l'estrade du professeur. Ensuite, elle était petite, elle ne comptait que sept élèves. La lumière – le peu qu'il y avait – provenait d'une seule et unique bougie, dont la flamme d'un vert éclatant donnait au visage de l'enseignant, penché au-dessus, un aspect des plus étranges.

C'était un vieil homme qui, dans cette curieuse lumière, semblait avoir les yeux verts, la barbe et les cheveux verts, et la peau verte. Il ressemblait fort à l'image que se faisait Mary d'un triton, en plus vieux, plus vert et – il faut bien le dire – beaucoup moins en forme, comme un organisme en décomposition. Il était assis et tapait de son long doigt crochu sur la table devant lui, battant la mesure pour les élèves qui chantaient à des pupitres à peine visibles.

De prime abord, on aurait dit des enfants qui chantaient des comptines, ou répétaient leurs tables, comme Mary savait que cela se faisait à la maternelle il y avait bien longtemps, lorsque sa grand-mère était petite. *Tout à fait dans l'esprit de l'éclairage à la bougie*, se dit Mary, *tout comme la longue robe noire et la coiffure démodée de Madame.* Mais elle se rendit compte que les élèves n'étaient pas du tout des enfants.

Dans la pénombre, à la lueur de l'étrange bougie, elle les vit, des visages verts désincarnés flottant dans l'obscurité ; deux vieilles dames, un homme d'un certain âge au visage rond ponctué de fossettes, trois autres femmes plus jeunes, et un septième élève qu'elle prit au premier coup d'œil pour un enfant, avant de se rendre compte qu'il s'agissait d'un nain, qui n'était plus de première jeunesse. Ce petit groupe chantait, non pas les comptines habituelles que Mary connaissait, mais de curieuses chansons truffées d'erreurs. C'était comme si les vers commençaient normalement avant de partir en prose. Le résultat n'était ni habituel ni même agréable.

« Traînez la souris dans l'herbe,
Pendez-la par la queue,
Étendez-la à la Lune
Montrez-la à ces messieurs ;
Trempez-la dans le chaudron
Pour en faire un escargot tout rond. »

Cela doit être un sort ou un charme, se dit Mary, *mais de quelle sorte de magie peut-il s'agir ? Rien à voir avec le balai volant, Tib et la magnifique vol-de-nuit ?!*

« Un, deux, trois, quatre
Mary devant l'Académie ;

Cinq, six, sept, huit
Ouvrez la porte et c'est fini… »

Les chants faiblirent et se turent tandis que Mme Mumbletchouk et Mary se tenaient dans l'embrasure de la porte. Huit paires d'yeux – toutes colorées en vert – étaient braquées sur Mary. Elle sentit une pointe de peur, mais un doux contact contre sa jambe lui rappela la présence de Tib, et elle se baissa rapidement pour le caresser. Son poil était ébouriffé, comme si l'animal était, lui aussi, en proie à l'excitation ou à l'appréhension, mais il était soyeux, réel et réconfortant.

« Voici le cours d'arts de première année, expliqua Mme Mumbletchouk. Les sorts les plus simples. Faire tourner le lait, donner le mildiou aux navets, couper le lait des vaches. Au deuxième trimestre, on passe à des sujets comme les crampes, les douleurs et les fièvres. Le troisième trimestre est consacré aux révisions et aux travaux pratiques. Les examens ont lieu en décembre. »

Elle marqua une pause.

« L'Académie propose aussi des activités récréatives. Des pique-niques de minuit – même si ceux-ci sont généralement réservés aux internes ; et bien sûr, des cours de vol sur balai. Le gymkhana aérien a lieu pendant le trimestre d'été. Ce qui me fait penser, ma chère enfant, qu'il est préférable de ne pas voler plus loin que la cour des écuries, cela contrarie la girouette. Vous avez peut-être remarqué notre piste d'atterrissage privée au sommet de la tourelle nord.

— Oui, je crois, répondit Mary.

— Alors empruntez cet accès la prochaine fois. Bien sûr, toutes nos élèves, même les externes, doivent assister à notre congrès annuel dans le massif du Harz, le 30 avril. »

Mary ne savait pas trop quoi dire, mais la directrice n'attendait pas de réponse. Elle fit un signe au vieux monsieur installé sur l'estrade et les chants reprirent :

« Ding, dong, c'est minuit,
Minou est dans le puits.
Il n'aurait pas dû rentrer,
Mais oh, mais oh, il est mince comme les blés… »

Mary s'empressa à nouveau de se pencher pour toucher Tib, avant de hausser la voix pour se faire entendre par-dessus les chants :

« Vous avez parlé de laboratoires, Madame. Avez-vous des cours de sciences ?

— Tout à fait. Nous offrons des cours avancés dispensés par l'un des plus éminents sorciers, le docteur Dee. Vous en avez certainement entendu parler. Mais êtes-vous déjà arrivée aux études scientifiques ? Vous semblez très jeune.

— Mon père est un scientifique, précisa Mary. Il est professeur à l'université. »

Mme Mumbletchouk la regarda avec de grands yeux.

« Ah oui ? Puis-je demander où ?

— À Cambridge ! »

Mary devait crier pour que sa voix s'entendît par-dessus un sort très bruyant sur les verrues.

« Un, deux, trois, des pustules par-là
Quatre, cinq, six, des bubons par-ci
Verrue, verrue, abracadabra,
Par la cheminée nous revoilà… »

La directrice semblait on ne peut plus impressionnée. Elle l'escorta hors de la classe, et la porte se referma sur les chants.

« Gormbridge ? Il doit s'agir d'un sorcier du plus haut rang alors. Ce n'est pas étonnant que vous soyez aussi en avance pour votre âge, Mary Smith. Vous a-t-il formée lui-même ?

— Pas vraiment, répondit Mary, mais il m'a appris à lire avant que je n'aille à l'école. Et bien sûr, je connais toutes ces comptines depuis que je suis toute petite – enfin, pas tout à fait les mêmes.

— Une version différente ? Comme c'est intéressant. Ces variantes régionales peuvent se révéler des plus instructives. Nous devons les compiler, chère Mary Smith, nous devons les compiler. Et votre mère ? Je présume qu'elle est, elle aussi, très accomplie ?

— Oh oui. Elle est allée à Cambridge également. Elle était l'étudiante de papa.

— Vraiment !? Alors vous avez du talent des deux côtés ! Nous serions ravies de vous accueillir à Endor. Une recrue des plus prometteuses. Et où sont vos parents ?

— À l'étranger. C'est pour cela qu'ils m'ont envoyée à la campagne pendant un temps.

— Et ils vous ont envoyée à moi. Je suis flattée, très flattée. Nous allons procéder à votre inscription sur-le-champ. Vous devez commencer les cours dès aujourd'hui. Dans quelle classe étiez-vous à Gormbridge ?

— En quatrième.

— En *quatrième* ? Alors vous avez certainement étudié certains sorts plus complexes. Vous devez déjà être bien au-delà de notre première année.

— Donner le mildiou aux navets, etc. ? Nous n'employons plus de sorts pour ce genre de choses, précisa Mary qui commençait à trouver la situation amusante. Nous utilisons des vaporisateurs.

— Les méthodes changent, les méthodes changent, déclara Mme Mumbletchouk, mais dans le fond la magie reste la même. On peut occasionner des dégâts faramineux en très peu de temps avec les bons ingrédients. Avez-vous étudié l'invisibilité ?

— Non, répondit Mary, mais j'aimerais beaucoup. »

C'était la vérité. Elle avait tout l'air de faire bonne figure auprès de la directrice, alors autant profiter de cette aventure et faire illusion jusqu'à la fin de la journée, quand le petit balai ne manquerait pas de la ramener chez elle.

Mais, se dit-elle en repensant à l'étrange bougie verte, aux yeux humides des élèves qui chantaient et à leurs comptines horripilantes, *je ne reviendrai jamais.*

Jamais. L'aventure avait beau être palpitante et plutôt bon enfant, elle se rendit compte tout à coup qu'elle préférait être à Manoir-Rouge, toute seule, à balayer les feuilles d'automne sur la pelouse.

Mme Mumbletchouk ouvrit la porte d'une autre salle de classe.

« Les deuxième année. Le cours d'invisibilité », annonça-t-elle.

Cette salle était très différente et semblait beaucoup plus normale. Elle était grande et dotée d'immenses fenêtres qui laissaient entrer les rayons du soleil. Elle abritait une estrade sur laquelle était juché un long bureau pour le professeur, et derrière, un tableau noir – un tableau noir *rouge*, recouvert de phrases écrites à la craie jaune. Et devant, des rangées de pupitres, une trentaine en tout. La pièce était déserte.

Mary était sur le point de demander où était tout le monde, quand Mme Mumbletchouk déclara avec une satisfaction certaine :

« Ah, je vois que le cours se déroule à merveille. Cent pour cent. Excellent. Une bonne formule, de toute évidence. Aimeriez-vous essayer, chère Mary Smith ? »

Elle désigna les mots inscrits au tableau. Une écriture en pattes de mouche qui n'était pas facile à lire, car elle s'étendait en diagonale d'une extrémité à l'autre du tableau, au lieu d'être écrite droite au milieu. De plus, c'était dans une langue étrangère.

L'assurance fraîchement acquise de Mary flancha tout à coup.

« Je… je ne crois pas, pas pour le moment, merci », répondit-elle.

Elle allait de nouveau demander où étaient les élèves, quand il se produisit quelque chose d'encore plus étrange que tout ce qu'elle avait vu jusqu'alors.

Devant ses yeux, là où il n'y avait rien d'autre que l'estrade vide et derrière celle-ci, le tableau noir rouge – *le « tableau rouge », en toute logique*, se dit Mary – on aurait dit qu'il y avait quelqu'un debout. Seulement une ombre au début, une sorte de silhouette fantasmagorique d'une personne devant la lumière du soleil. Pas de couleur, uniquement une forme, et une lueur de personnalité, qui prit lentement corps jusqu'à devenir un sourire sur le visage d'un homme à l'air avenant. Tout à coup, il était vraiment là, debout sur l'estrade, une main posée sur un livre ouvert sur le bureau. Son autre main tenait une longue baguette blanche, dont Mary comprit qu'il s'agissait d'une baguette magique. De temps en temps, celle-ci émettait un léger sifflement et des étincelles vertes en jaillissaient ou coulaient de son extrémité telles des gouttes s'échappant d'un robinet qui fuit.

« Docteur Dee, déclara la directrice, je vous présente la jeune Mary Smith. Elle va s'inscrire chez nous et je suis sûre qu'elle deviendra l'une de nos plus brillantes étudiantes. Elle est déjà accomplie dans un grand nombre de branches élémentaires de la magie. Ses parents ont étudié tous les deux – *tous les deux*, docteur Dee – à Gormbridge.

— Voilà un excellent début, renchérit le docteur Dee qui regarda Mary avec des étoiles dans les yeux. Et quel nom formidable. Enchanté, jeune Mary Smith.

— Enchantée, répondit Mary. En fait, vous savez, ajouta-t-elle, ce n'est pas Gormbridge, mais Cambridge.

— Ah, ces variantes locales de prononciation… »

Balayant la salle vide du regard, Mme Mumbletchouk semblait loin.

« Très intéressant. Ah ! Docteur Dee ! »

Suivant son regard, le docteur sursauta, observa et s'écria :

« Toi et toi… et *toi*, Grizel, restez concentrées sur votre exercice ! Appliquez-vous ! Je vous vois, toutes les trois ! »

La salle de classe brillait dans la lumière du soleil, éclatante, immaculée et vide, mais Mary crut voir, juste au moment où il parlait, un léger scintillement à trois des pupitres du dernier rang, les silhouettes assises de jeunes filles – ou de jeunes femmes ? – vêtues de longues robes comme des robes de chambre, tenant chacune entre ses mains en coupe ce qui ressemblait à une boule de verre. L'instant d'après, elles avaient disparu dans la lumière diaphane du soleil.

« Peux-tu la lire ? » lui demanda le docteur Dee.

Il désigna de sa baguette magique la formule inscrite sur le tableau rouge. Des étincelles vertes en jaillirent et les mots en jaune se mirent à danser comme des moucherons dans la lumière du soleil.

« Mon Dieu, mon Dieu, j'ai oublié de l'éteindre. Voilà qui est mieux, ils vont se tenir tranquilles à présent. Je sais que mon écriture n'est pas toujours claire, mais j'espère que tu peux me lire. C'est un sort de ma composition, ajouta-t-il avec langueur, et certaines de mes élèves le trouvent beaucoup plus simple que les formules classiques.

— Il est très clair, lui répondit Mary pas tout à fait honnête mais désireuse d'être polie.

— C'est vrai ? Vraiment ? »

Il avait l'air aux anges.

« Je sais qu'il n'est pas aussi infaillible que les vieilles formules de Merlin ou du professeur Faust, par exemple ; mais il faut vivre avec son temps, et certains textiles modernes se sont révélés résistants aux anciennes formules. On peut transformer du velours avec presque n'importe quoi, mais le polyamide et certains dérivés de l'acétate sont quasiment impossibles à désintégrer.

— En ce qui me concerne, je porte beaucoup de nylon », renchérit Mary.

Un peu trop vite… Le docteur Dee sourit jusqu'aux oreilles.

« Ah oui ? Mais alors, essayons sur-le-champ ! Tiens, prends ça. Je n'ai pas d'autre boule, mais cela fera l'affaire. »

Il lui tendit le grand encrier en verre qui était posé sur son bureau. Il était rempli d'encre aux trois quarts. Elle hésita, mais la directrice acquiesça avec un sourire, et les yeux du docteur Dee pétillaient d'enthousiasme. *Eh bien*, se dit Mary, *pourquoi pas ?* Elle le prit docilement dans ses mains. Elle sentait ses paumes encore légèrement collantes du suc de la vol-de-nuit.

« Tu sais quoi faire, assura le docteur Dee. Lis les mots lentement et distinctement, puis fixe l'encre et concentre-toi. Tu te verras vite partir. Nylon ou pas, je suis sûre qu'une jeune prodige telle que toi n'aura aucun mal à y arriver. »

Mary souleva l'encrier. Ce faisant, elle sentit sur son poignet la légère pression du raphia du vieux Zébédée, qui était toujours attaché au cou de Tib. Elle remarqua que celui-ci était assis à l'extrémité de l'estrade, le regard figé sur les sièges vides derrière les pupitres vides, le poil hérissé. Il ne prêtait aucune attention à Mary.

« Il peut les voir ? demanda-t-elle.

— Les chats peuvent tout voir. C'est pour cela qu'ils nous sont si précieux, lui expliqua le docteur Dee. Et de tous les familiers – les crapauds, les chouettes et les chauves-souris – c'est le chat noir aux yeux verts qui l'emporte. Et celui-ci est, à n'en pas douter, le phénix, le *nec plus ultra*, la chrysolite des chats.

— Oh oui », répondit Mary.

Elle chercherait ces mots dans le dictionnaire quand elle rentrerait à la maison, mais elle comprenait ce que le docteur Dee voulait dire. Il inondait Tib d'un sourire béat d'admiration.

« Nous n'avons pas souvent de chat complètement noir. Magnifique, magnifique. Donne-moi la laisse, Mary. S'il tire sur ton bras et te déconcentre, tu ne verras rien. Enfin, tu verras *quelque chose*, je veux dire, et cela n'ira pas ! »

Riant doucement à sa propre plaisanterie, il prit le raphia des mains de Mary et pointa sa baguette magique en direction des phrases écrites sur le tableau rouge.

« Et maintenant, jeune Mary Smith de Gormbridge, nous allons voir – ou pas ! »

VII

Chapitre 7

Abracadabra, chante la sorcière, Abracadabra, je te change en rat !

Elle finit par très bien y arriver. Le docteur Dee lut les mots avec elle. Elle essaierait de s'en souvenir plus tard, mais sans aucun succès. Dès qu'elle eut prononcé le dernier, elle pencha la tête et plongea son regard dans l'encre.

Au début, ce n'était que de l'encre, une brillante nappe bleu marine, convexe comme si elle allait déborder. Sa surface était recouverte d'une sorte de pellicule sur laquelle flottait de la poussière, comme si l'encre n'était pas liquide, mais solide comme du verre. Et, comme dans du verre, la pièce s'y reflétait, en minuscule, mais dans les moindres détails, telle une peinture miniature. Mary distinguait les fenêtres éclatantes, dessinées comme d'infimes arcs de lumière, les murs peints, le tableau rouge, et en superposition, son propre reflet, rendu aussi petit qu'eux par la surface incurvée de l'encre. Elle scruta, sous toutes les coutures, le visage qu'elle avait étudié si gravement la veille dans son miroir à Manoir-Rouge, faisant le vœu que quelque chose se passât.

Et voilà : quelque chose se passait. La petite silhouette dans l'encre brillait de plus en plus fort, mais le reflet de la pièce derrière elle se troublait, ses couleurs coulaient et se dissolvaient comme un film mal réglé. L'image tressaillit, se brouilla, s'estompa puis rapetissa de plus en plus, jusqu'à se perdre dans les ténèbres au fond du puits qu'était devenu l'encrier. Mary se retrouva penchée au-dessus des profondeurs, ses mains agrippant la margelle, ses yeux perdus dans l'abîme où son reflet miroitait dans des volutes d'une noirceur vaporeuse.

Puis, aussi délicatement que fond la cire d'une bougie, et beaucoup plus rapidement, la miniature perdit toute forme, et, dans un tourbillon de fumée, disparut…

Mary sentit une piqûre dans sa jambe, une douleur fulgurante, qui la fit sursauter. Cela avait dû la soustraire à son sort, car elle distingua faiblement au milieu des volutes de fumée les fenêtres de la classe, et entendit dans le lointain, comme un écho dans un puits, la voix monocorde du sorcier lui dire : « Formidable ! Formidable ! Reviens, à présent. »

Celui-ci répéta une formule – pas la même, mais les mots lui semblaient familiers, et elle ne tarda pas à comprendre qu'il s'agissait de la formule initiale récitée à l'envers. Et, dans l'encre, le sortilège se dissipa. Son visage réapparut au milieu des ténèbres, prit forme et recouvra des couleurs à mesure qu'il se rapprochait de la surface sur le décor baigné de soleil de la pièce, et puis il n'y avait plus que son reflet, minuscule dans une étendue d'encre.

Elle leva les yeux, les clignant dans la lumière du soleil. La directrice semblait satisfaite, et de part et d'autre de la classe quelques élèves étaient réapparues sans se faire réprimander et l'observaient avec intérêt.

Le docteur Dee souriait.

« C'était excellent. Remarquable pour une première fois, remarquable. Mais bien sûr, avec des parents formés à Gormbridge, c'était couru d'avance, n'est-ce pas ? La prochaine fois, tu sauras le faire seule, mais je pense que nous devrions nous arrêter là pour aujourd'hui. Il ne faut pas s'y plonger trop longtemps, c'est le premier sort du trimestre. Et puis je suis sûr que madame Mumbletchouk veut te montrer les autres cours. »

Il replaça la laisse de Tib dans la main de Mary. Tandis que celle-ci sortait dans le couloir faiblement éclairé en compagnie de la directrice, elle l'entendit réprimander les élèves qui étaient réapparues.

« Par ici, lui indiqua Mme Mumbletchouk. Cela devrait vous intéresser. Ce sont les travaux pratiques de sciences, que j'assure. La professeure est absente, pour des raisons indépendantes de sa volonté.

— Est-elle souffrante ?

— Pour ainsi dire. Elle a commis une petite erreur dans son sort. Les cours avancés sont toujours délicats. Ils nécessitent, bien évidemment, la précision la plus absolue. Nous y voilà. »

Elle ouvrit la porte.

« Que se passe-t-il, Mary Smith ? »

Au moment où la lumière de l'embrasure avait filtré dans le couloir, Mary s'était arrêtée, et fixait Tib. Ou plutôt, l'emplacement où elle pensait le trouver. Elle tenait dans sa main l'extrémité du raphia que le docteur Dee lui avait rendu, et elle aurait juré avoir senti Tib tirer doucement sur son collier, mais il n'était pas là. Il n'y avait que le collier qui pendait… *Non*, se rendit-elle compte, *il ne pend pas, il flotte à côté de moi*. Mais elle ne voyait pas Tib.

« Tib ! l'appela-t-elle. Mon chat ! Je sais qu'il ne m'a pas quittée, car il a griffé ma jambe pour me faire sortir du sort. J'ai dû l'oublier…

— Pas du tout, lui répondit Mme Mumbletchouk d'une voix amusée et imperturbable. Il est toujours là. Caressez-le et vous verrez. »

Mary se pencha, tendit la main et sentit en effet le poil chaud et le corps doux et robuste du chat. Sa tête était douce sous ses doigts, ses oreilles étaient aplaties vers l'arrière, et elle sentait l'épaisseur de ses poils hérissés. Son corps tout entier vibrait légèrement, comme s'il était parcouru par un courant électrique. Il ne ronronnait pas.

Lorsqu'elle le prit dans ses bras, il cracha.

« Où allez-vous ? l'interpella la directrice, assez sèchement.

— Je retourne voir le docteur Dee. Le sort a dû fonctionner sur Tib aussi, mais l'antidote n'a pas dû fonctionner correctement, en tout cas pas pour les chats. Il doit le ramener. »

Mme Mumbletchouk s'esclaffa.

« Ne voyez-vous pas, mon enfant, que tout le monde peut revenir à sa guise ? Vous l'avez fait, n'est-ce pas ? Et vous avez vu ce qui est arrivé aux élèves dans la classe lorsqu'elles se sont déconcentrées. Les chats connaissent bien la magie, dans l'ensemble. Tib reviendra lorsqu'il en aura envie, et pas avant. Ne sentez-vous pas son excitation ? Reposez-le maintenant, sinon vous allez lui compliquer la tâche. Vous l'avez entendu cracher lorsque vous l'avez attrapé… Voilà. Et maintenant venez, je vais vous montrer quelque chose d'extrêmement intéressant. C'est le cours dans lequel je vais vous inscrire demain. »

La troisième classe était encore différente, et semblait assez familière à Mary. C'était un laboratoire. De longs plans de travail dotés de lavabos et de robinets étaient recouverts de portants remplis de fioles et d'éprouvettes, et de becs Bunsen dont sortait l'habituelle flamme verte. Une douzaine d'élèves vêtues de noir étaient penchées sur leurs travaux. Sur la paillasse la plus proche de la porte se trouvait un dispositif compliqué dans lequel une fillette guère plus âgée que Mary avait l'air de faire mijoter différentes racines dans un liquide bleu dont émanait une forte odeur sucrée. Elle touillait sa mixture à l'aide d'un long bâton blanchâtre en forme d'os. À la table d'à côté, un jeune homme, l'œil rivé sur un microscope, griffonnait des notes dans un épais cahier jaune. Une cage abritant des souris était posée à côté de lui. Une autre élève versait un épais liquide vert sur de magnifiques cristaux blancs dans un bol. Cette manipulation produisait une fumée d'un violet éclatant accompagnée d'un sifflement et d'une odeur de cheveux brûlés. Tout au bout de la longue pièce, une chaudière émettait des flammes vertes derrière sa porte transparente. En haut des murs, de petites fenêtres étaient recouvertes de barreaux. Mary remarqua que la lumière à l'extérieur avait changé ; elle avait dû passer beaucoup plus de temps qu'elle ne le pensait dans le sort d'invisibilité.

« Je dois vérifier la progression de mes élèves, l'informa la directrice. Asseyez-vous là et attendez-moi.

Je n'en ai pas pour longtemps. Les cours sont bientôt finis pour aujourd'hui. »

Mary lui obéit, et s'assit sur la chaise derrière le bureau de la professeure. Elle sentait Tib contre sa jambe, mais lorsqu'elle s'inclina pour le caresser il feula à nouveau et elle se redressa. Elle resta assise en silence, inspectant le laboratoire, qui était si familier et pourtant si étrange – bizarre, même – et se retrouva à souhaiter, mal à l'aise, que Mme Mumbletchouk se dépêchât et sonnât la fin du cours, l'inscrivît pour le lendemain et la laissât partir.

La directrice passait lentement de paillasse en paillasse, conversant avec les élèves et se penchant sur leurs travaux, s'asseyant parfois à côté d'elles pour en discuter. Mary était allée une ou deux fois dans le laboratoire de son père et l'avait vu faire à peu près la même chose. Mais cette pièce-là était éclairée et propre, et embaumait la cire, les produits d'entretien et le soleil. Celle-ci sentait bizarre, une odeur de renfermé, presque désagréable, comme une pièce qui serait restée fermée dans le noir trop longtemps.

La voix de la directrice lui parvenait doucement de l'autre extrémité de la pièce. Les liquides coulaient et gouttaient, les souris s'agitaient et couinaient dans leur cage. La chaudière ronflait. Une grande horloge émettait un tic-tac légèrement inégal. Ses poids de balancier en plomb avaient la forme de souris. Son pendule se balançait de droite à gauche, droite, gauche, tic, tac, tic, tac…

« Ding, dong ! Ding, dong !
La souris a grimpé
Mais la pendule a sonné,
La souris était morte
Comme une poignée de porte
Et ondule, ondule, ondule dans la pendule,
"Tic, toc, tic, toc", dit la pendule… »

Mary sortit de sa torpeur. À travers les hautes fenêtres, elle constata que la lumière baissait rapidement. La pendule indiquait 17 h 50. Le cours ne devrait pas tarder à se terminer. Grand-Tante Charlotte et Mme Marjoribanks allaient rentrer dans une demi-heure et Mary devait être à la maison avant, faute de quoi on lui poserait des questions auxquelles elle aurait du mal à répondre. La fillette décida de laisser à la directrice jusqu'à 18 h 00 avant d'annoncer fermement qu'elle devait partir.

Sur le bureau de la professeure se dressait une pile de feuilles maintenues par un presse-papier en verre en forme de grenouille. La lumière des becs Bunsen y miroitait, quand Mary eut l'impression que l'animal la fixait de ses yeux de jade. À côté, une plume – une ancienne plume de calligraphie confectionnée à partir d'une plume d'oie grise – dépassait d'un encrier en étain. Il y avait aussi une règle portant des inscriptions qui auraient pu être du grec, de l'arabe ou simplement des pattes de mouche. Un cube, dont les faces étaient recouvertes d'étranges marques. Et un triangle en cuivre patiné sur lequel était gravée une sirène.

Elle regarda les papiers nonchalamment, puis avec un plus grand intérêt lorsqu'elle vit qu'il s'agissait de dessins d'animaux. Elle retira la grenouille en verre de la pile et entreprit de les examiner.

Il s'agissait d'animaux, à n'en pas douter, mais des animaux qu'elle n'avait jamais vus. Il y en avait un qu'elle avait d'abord pris pour un écureuil, avant de se rendre compte qu'il n'avait que deux longues pattes et une fine queue de rat. Et puis il y avait un oiseau sans plumes, pas même sur les ailes. Et quelque chose qui ressemblait à un hérisson, mais il n'avait ni yeux ni nez, ce qui lui donnait l'air d'un oursin à pattes.

C'était comme les comptines. Chacune semblait commencer normalement et puis, tout à coup, se gâtait horriblement. Mary les détestait. Elle les remit sous la grenouille en verre et jeta un œil à l'horloge. Plus que cinq minutes. Mme Mumbletchouk parlait encore, mais les expériences semblaient toucher à leur fin. L'une des élèves éteignit la flamme qui chauffait une fiole, et une autre s'était levée pour laver un appareil dans un évier. Le jeune homme au microscope avait rangé ses affaires et apportait son cahier jusqu'au bureau où Mary était assise. Il le déposa avec d'autres sur une étagère à côté, avant de sortir, accompagné d'autres élèves.

Mary regarda le cahier. Il était intitulé simplement *Notes*, ce qui ne semblait pas intéressant ; l'épais volume brun à côté s'appelait *Métastases*, et était rédigé par un certain Dousterswivel. Elle décida de ne pas le lire. Mais le suivant semblait plus prometteur ; il était relié en cuir bordeaux velouté et sa tranche était marquée d'un chat doré superbement embossé. Il avait l'air très ancien. Mary le prit sur l'étagère et l'examina, cachée derrière le bureau.

Le chat apparaissait aussi sur la couverture, encerclé du titre de l'ouvrage comme les caractères sur une pièce. Le recueil était intitulé : *Le Myſtère des ſortilèges*.

Elle l'ouvrit. Ses pages étaient épaisses et souples, presque comme de la peau, avec des bords ondulés. Sur la page de garde était inscrit en gros, dans une écriture liée qui appartenait certainement à Mme Mumbletchouk :

« Pour les élèves avancées uniquement.
Interdit au prêt. »

Une fois, dans un vieux livre qu'étudiait Papa, Mary avait vu des s qui ressemblaient à cela. *Ce qui veut dire…* Elle regarda de nouveau la couverture. Oui, cela faisait sens à présent. Le recueil était intitulé *Le Myſtère des ſortilèges*. Elle l'ouvrit.

Les pages étaient recouvertes de curieux caractères imprimés qu'elle avait vus dans le livre de Papa. Ils étaient ponctués, ici et là, de schémas, comme en géométrie, mais différents ; d'étranges agencements de cercles et de triangles, et des formes qu'elle était incapable de nommer.

Son œil fut attiré par l'un des titres : « Comment choiſir ses ſujets de métamorphoſe ».

Sur la page suivante, il y en avait un beaucoup plus simple : « Pour ouvrir les ſerrures ».

Ça, se dit Mary, *cela pourrait se révéler très utile pour nous en aller, Tib et moi.* Elle avait du mal à s'avouer à elle-même qu'elle se sentait vraiment très mal à l'aise. Et Tib n'était pas tranquille non plus, elle en était sûre : même si c'était lui qui, d'une certaine manière, l'avait amenée ici – ou s'était arrangé pour la faire venir – et qu'il en avait l'air enchanté, pourquoi insistait-il pour rester invisible à présent ?

La dernière élève était en train de ranger ses affaires. Mary hésita avant de glisser discrètement le livre rouge dans sa poche.

La pendule ralentit, vrombit et sonna six coups. Mme Mumbletchouk traversa la pièce en souriant, ses diamants scintillant de la lumière verte des flammes qui illuminaient la nuit tombante.

Chapitre 8

Que faire, que dire ? J'ai la tête à l'envers

« Et maintenant, ma chère, déclara Mme Mumbletchouk, les cours sont terminés pour aujourd'hui. Si vous voulez bien venir dans mon bureau pour vous inscrire, je vous remettrai un prospectus et nous vous attendrons demain matin. »

Mary se leva, soulagée et un peu honteuse d'avoir eu peur. Le livre pesait lourd dans sa poche. Elle y plongea sa main, dans l'espoir de le remettre discrètement à sa place, mais Mme Mumbletchouk fit le tour du bureau d'un pas vif avant de s'arrêter à côté de l'étagère… et c'était trop tard.

« Mes livres, expliqua la directrice en les désignant d'un geste accompagné du froufrou de sa robe noire. Si vous voulez bien me donner une minute, je vais les ranger en sécurité. La nuit, ils restent entreposés dans la chambre forte. Aucun ne quitte cette pièce. Je suis sûre que vous comprenez pourquoi, chère Mary Smith. »

Elle se saisit alors de la douzaine d'ouvrages sur l'étagère et se dirigea vers une porte que Mary n'avait pas remarquée, juste derrière la chaise de la professeure.

« Madame Mumbletchouk… balbutia Mary d'un air coupable.

— Un instant, s'il vous plaît, répondit la directrice. Un peu de silence, je vous prie. »

Mary se tut. Serrant la pile de livres contre sa poitrine, Mme Mumbletchouk se tenait face à la porte et marmonnait des paroles à peine audibles. Mary ne distinguait pas les mots. La porte ne semblait avoir ni serrure ni clé, rien qu'une poignée de bronze en forme d'hippocampe. La directrice s'en saisit et tira. Un enchaînement de déclics réguliers et bien huilés retentit et le battant s'entrouvrit. C'était une colossale porte en métal, épaisse de plus de 20 centimètres. À la surprise de Mary, de la lumière émanait de la chambre forte ; pas verte, cette fois, mais une lumière jaune ordinaire ténue, comme celle d'une lampe à huile. Mme Mumbletchouk laissa la porte grande ouverte et y pénétra avec les livres.

« Auriez-vous l'amabilité, chère Mary Smith, de m'apporter les papiers qui se trouvent sur mon bureau ? lui demanda-t-elle. Ainsi que le presse-papiers, bien sûr. Je le mets toujours sous clé la nuit, avec les autres. On n'est jamais trop prudente, n'est-ce pas ? »

Elle émit un petit gloussement.

Mary saisit sa chance. Elle sortit le recueil rouge de sa poche, posa la pile de papiers dessus, et emporta le tout, avec la grenouille en verre, dans la chambre forte.

Chose étrange, Tib courut devant elle, tirant frénétiquement sur sa laisse en raphia.

L'intérieur de la porte abritait un grand placard, dans lequel Mme Mumbletchouk rangeait les livres.

« Je présume que vous voulez également ceci, lui demanda Mary. Je regardais seulement… »

Elle s'arrêta net en laissant échapper un cri étouffé. Elle venait de découvrir le reste du contenu de la chambre forte.

Pour commencer, la pièce était bien plus grande que ce qu'elle pensait. Ses dimensions s'approchaient de celles du laboratoire, et la douce lumière de la lampe située à proximité de la porte n'avait éclairé que l'extrémité, laissant le reste dans l'ombre.

Et c'était préférable. La longue pièce sombre était recouverte de cages du sol au plafond. Celles-ci étaient dotées de barreaux et grillagées, empilées les unes sur les autres comme les rayonnages d'une immense bibliothèque, et d'autres rangées de cages dépassaient encore des niches aménagées dans les murs. Certaines – les plus proches de la porte – étaient vides, mais celles du fond, dans l'ombre, abritaient des yeux qui l'observaient, les yeux de petites créatures, silencieuses, au regard fixe, révélées par la lumière de la lampe. Un mouvement s'esquissait de-ci, de-là, lorsqu'une patte ou un petit pied passait entre les barreaux, mais de manière générale, les minuscules créatures, quelles qu'elles fussent, étaient assises recroquevillées et silencieuses dans les recoins sombres au fond de leur prison.

Mme Mumbletchouk se retourna en entendant le cri de surprise de Mary.

« Intéressant, n'est-ce pas ? J'étais sûre que vous seriez impressionnée. Certaines de nos élèves ont atteint un excellent niveau en métamorphose. Mais nous déplorons bien sûr notre lot d'échecs. »

Elle rit de bon cœur en désignant la cage la plus proche, où une pauvre créature, dont la fourrure orange était truffée d'écailles comme si elle avait la gale, semblait indifférente à ce qui se passait, tournant le dos à la pièce. Elle avait posé deux pattes difformes sur ses yeux pour bloquer la lumière et avait l'air endormie. Mais Mary suspectait qu'elle était on ne peut plus éveillée. Elle venait de reconnaître l'un des dessins sur le bureau de la directrice.

« Merveilleux ! » déclara-t-elle.

Mme Mumbletchouk se pencha au-dessus de la cage, aiguillonnant méchamment la créature, qui ne bougeait pas. Sans réfléchir à la raison de son geste, Mary remit *Le Myſtère des ſortilèges* dans sa poche.

« Voici vos papiers, madame.

— Ah, merci. »

Abandonnant la créature dans sa cage, Mme Mumbletchouk fourra les papiers et la grenouille en verre dans le placard et referma la porte sur eux. Elle n'avait pas remarqué l'absence du livre.

« Nous poursuivrons la visite demain, ma chère. Mais pour l'heure, vous devez rentrer chez vous.

— Oh oui, s'il vous plaît ! »

Mary n'aurait jamais pensé ressentir une telle gratitude à l'idée de rentrer à Manoir-Rouge et retrouver Grand-Tante Charlotte.

« Je dois me dépêcher, madame. On ne va pas tarder à se demander où je suis.

— Alors, nous nous dépêcherons. »

La directrice se dirigea d'un pas leste vers la porte de la chambre forte, au milieu du froufroutement de sa robe noire. Mary la suivait de près, entraînant Tib qui, pour une raison qu'elle ignorait, semblait réticent à la suivre. Elles se retrouvèrent ensuite dans le laboratoire et la porte de la chambre forte se referma derrière elles avec un bruit sourd.

Le laboratoire était désert. Toutes les élèves étaient parties. Les becs Bunsen étaient éteints. Seule la chaudière crachait des flammes vertes en rugissant.

Tib continuait de tirer sur sa laisse. Mary se baissa rapidement pour le prendre dans ses bras et le serra fort. Cette fois-ci, il ne cracha pas et ne la griffa pas, mais elle entendit un grognement dans les tréfonds de sa gorge et le sentit encore frissonner, parcouru par cette étrange tension frénétique. Elle sortit du laboratoire derrière Mme Mumbletchouk et emprunta le couloir.

Le bureau de la directrice était un endroit agréable, professionnel et tout à fait quelconque, orné d'étagères remplies de livres – des livres on ne peut plus normaux comme des dictionnaires biographiques et des noms communs, ou encore *La Magie en autodidacte* –, d'une machine à écrire et d'un grand secrétaire. Mary se tenait nerveusement près de la porte, serrant dans ses bras un Tib invisible, tandis que Mme Mumbletchouk sortait d'un tiroir un imposant registre qu'elle ouvrit sur son bureau.

« Nom ? Vous désirez toujours être inscrite sous le nom de Mary Smith ? »

Mary ouvrit la bouche pour répondre à nouveau qu'il s'agissait de son vrai nom, mais elle se ravisa. Cela ne servait à rien, de toute façon, puisqu'elle ne reviendrait pas.

« Oui, s'il vous plaît. »

La directrice inscrivait son nom de la grande écriture fluide que Mary avait reconnue.

« Très bien. Mary Smith numéro 64. »

Elle l'écrivait, remarqua Mary, LXIV. La directrice souligna soigneusement ce chiffre.

« Et voilà. C'est ainsi que nous vous appellerons. Adresse ?

— Manoir-Rouge, Shropshire. »

Relevant la tête, Mme Mumbletchouk lui lança un regard perçant.

« Vraiment ? »

Elle semblait sur le point d'ajouter quelque chose, mais elle se contenta de hausser les sourcils et d'acquiescer avant de retourner au registre. Tendant le cou, Mary aperçut ce qui l'avait surprise. La ligne précédente semblait identique. On pouvait y lire :

« Mary Smith LXIII, Manoir-Rouge, Shropshire. »

La directrice referma le recueil d'un coup sec.

« Voilà qui est fait. Ravie de vous accueillir parmi nous. »

Elle rangea le registre dans le tiroir et tendit une enveloppe à Mary.

« Voici notre prospectus. Nous discuterons des frais d'inscription plus tard, mais soyez sûre que nous serons très reconnaissantes de votre généreux don. Nombreuses sont les futures élèves qui ignorent qu'une petite libéralité initiale est non seulement tout à fait acceptable, mais… comment dire… un excellent début à leur scolarité. Lorsque vous aurez eu le temps d'y réfléchir, je suis sûre que vous serez de cet avis.

— Je ne comprends pas », répondit Mary.

La directrice la gratifia d'un sourire affable.

« Chaque chose en son temps, ma chère, chaque chose en son temps. Pour l'instant, tout est si nouveau pour vous… Alors, à demain, 10 h 00. Nous parlerons de vos cours. Quelques notions de distillation, je pense, un peu d'entraînement à l'astrolabe pour le vol aux instruments, mais je crois sincèrement que l'enseignement de votre père devrait vous permettre de passer directement à la métamorphose.

— Merci », répondit Mary.

Elle était satisfaite d'entendre que sa voix ne trahissait aucune nervosité, mais une simple touche d'inquiétude.

« Et maintenant, il faut vraiment que je me dépêche de rentrer chez moi, madame. Ma grand-tante aime que j'aie fait ma toilette et que je sois changée avant 18 h 30, et…

— Diantre, ajouta Mme Mumbletchouk avec douceur en regardant l'horloge au mur, alors vous devez partir tout de suite. J'ai bien peur que notre piste d'atterrissage privée ne soit fermée, à part pour les résidentes, mais Danny vous attendra à la porte avec votre balai. »

En effet, le régisseur se trouvait au pied des escaliers de la porte principale enveloppé dans l'épaisseur du crépuscule, avec à la main le petit balai, qui se tenait tranquille, comme un balai ordinaire. Tellement ordinaire que Mary, dévalant avec soulagement les marches dans l'air frais du soir, fut l'espace d'un instant assaillie d'un terrible doute. *La chevauchée de ce matin a-t-elle réellement eu lieu ? Ai-je vraiment volé ? Et pourrai-je voler de nouveau ?*

« Il connaît le chemin ? demanda-t-elle avec appréhension, ce à quoi M. Flanagan décocha un sourire amusé.

— Bien sûr. Chacun a son parcours attitré, et celui-ci t'emmènera à bon port d'un bond de sauterelle. Enfin, si tu restes dessus. Vas-y, ma chère, je le tiendrai pendant que tu montes. Tout doux, toi. »

Cette dernière phrase était adressée au balai, qui s'était tortillé en sautillant à la seconde où Mary avait essayé de l'enfourcher.

« Laissez-moi tenir votre chat », lui lança Mme Mumbletchouk en prenant Tib des bras de la fillette.

L'animal grognait et râlait distinctement à présent. Il poussa un miaulement rageur tandis que la directrice attachait l'extrémité de la laisse en raphia au manche du balai.

« Reculez, maintenant ! s'écria M. Flanagan. Accrochez-vous, mes petits ! »

Et il donna une tape au balai en criant :

« À la maison sur-le-champ ! »

La formule fonctionna. Tout recommença, mais cette fois-ci le balai ne fit pas des siennes ; il s'élança sans résistance à travers le ciel telle une fusée. Ses brindilles de bouleau sifflaient dans les airs comme un minuscule moteur à propulsion. Puis le balai inclina sa trajectoire au-dessus des immenses arbres qui bordaient le parc et s'envola vers la dernière percée de lumière à travers les lourds nuages du soir à une vitesse telle que Mary en eut le souffle coupé.

Tib aussi. Lorsqu'ils avaient quitté le sol dans ce bond phénoménal, ses miaulements furibonds s'étaient arrêtés aussi net que s'il s'était étouffé.

Les nuages tourbillonnaient autour de Mary, indigo, gris, aubergine, puis tout à coup dorés, tout n'était que fumée, flammes et projections de feu. Mais cette fois-ci elle remarqua à peine leur beauté. Elle s'accrochait fermement au balai, appelant un Tib silencieux, et cherchant du regard l'interstice dans la mer de nuages qui marquerait le début de leur descente.

Il était là. Un immense abîme de ténèbres, comme un lac noir. Crevant l'étendue de nuages embrasés au bord du précipice, le balai plongea dans le crépuscule qui surplombait Manoir-Rouge.

Il rasa la cime des tilleuls et les feuilles d'automne arrachées dans son sillage virevoltèrent autour de la tête de Mary telle une nuée de chauves-souris. Après un bruissement et un tourbillon de brindilles, le balai fit un mouvement brusque, comme s'il avait heurté quelque chose – *ou comme si*, pensa Mary, s'accrochant comme une teigne, *Tib avait sauté dans les branches des tilleuls.* En effet, lorsque le balai toucha le sol, laissant sur la pelouse un long sillage de feuilles, et qu'elle se retourna pour vérifier, la laisse en raphia avait disparu, et sa main ne trouva aucune fourrure chaude lorsqu'elle caressa les brindilles du balai.

« Tib ? Tib ? Descends ! » l'appela-t-elle d'une voix douce, tandis qu'elle mettait pied à terre et inspectait les branches du grand tilleul éclairées par le crépuscule.

Elle aperçut la laisse, qui oscillait en haut de l'arbre, avec le collier on ne peut plus vide. Tib s'était libéré et, même s'il ne devait plus être invisible, il ne semblait pas encore prêt à venir vers elle.

Mary dévala le chemin qui menait au potager et rangea le petit balai à sa place avec une légère caresse pleine de reconnaissance. Dans un bruissement d'ailes et un piaillement fluet, un rouge-gorge s'envola jusqu'au sommet du mur qui longeait la cabane à outils, où il se mit à chanter. Le sentier était bordé de pâquerettes et tandis qu'elle courait jusqu'à la porte, elle fut accueillie par la pâle lueur et le doux parfum des fleurs d'onagre dans le couchant. Tout semblait normal, ordinaire et très réconfortant ; et là, dans la cuisine, se tenait Mme McLeod qui posait tout juste les poêles et les casseroles sur le feu pour préparer le dîner.

« Ah, te v'là ! As-t'y passé une bonne jeurrrnée ?

— Excellente, merci, lui répondit Mary. Tante Charlotte est-elle rentrée ? »

Mme McLeod eut un air amusé.

« C'est que tu l'as coiffée au poteau. J'entends la guimbarrrde qui arrive. Cours, ma belle ! »

Personne n'avait posé de question à laquelle elle n'aurait pas pu répondre. La très vieille amie avait été une valeur sûre et Grand-Tante Charlotte et

Mme Marjoribanks prirent plaisir à raconter leur journée pendant le dîner. Pour une fois, Mary était heureuse qu'elles ne semblassent aucunement s'inquiéter de la sienne.

Enfin, elle put se réfugier dans sa chambre. Sans attendre, elle se précipita jusqu'à la fenêtre pour ouvrir les rideaux en grand. Il n'y avait rien d'autre que le ciel étoilé. Les nuages s'étaient dissipés et une brise fraîche berçait les branches du tilleul. Pas de chat qui l'attendait sur le rebord de la fenêtre.

Elle releva l'ouvrant de la fenêtre à guillotine et se pencha au-dehors, l'appelant doucement. Pas de réponse.

Mary commença lentement à se déshabiller, les sourcils froncés d'inquiétude. *Et si Mme Mumbletchouk s'était trompée ? Et si Tib ne pouvait pas redevenir visible quand il le voulait ? Et si le sort avait été différent pour lui et pour moi ? Et si…* Puis elle se souvint du livre, et plongea la main dans sa poche, s'attendant presque à ce que celui-ci se fût évaporé lui aussi. Mais il était bien là, le chat et le cercle de lettres dorées scintillant dans la lumière de la lampe.

Mary passa dessus un doigt hésitant. *Pas ce soir. Non, cette lecture attendra demain, lorsque le soleil brillera.* C'était comme si là, dans sa chambre, l'ouvrage donnait la désagréable impression de ne pas être à sa place, de ne pas appartenir au même monde que les pâquerettes, le parfum du tilleul et le chant du rouge-gorge. Mais il y avait Tib…

Enfin, Tib allait probablement bien. Les chats étaient habitués à la magie, lui avait-on dit. Et de toute façon, Tib devait être là pour qu'un quelconque sort fonctionnât.

Elle posa l'ouvrage sur sa table de chevet, quand elle aperçut, dépassant des pages entre lesquelles elle avait dû la glisser, l'enveloppe que Mme Mumbletchouk lui avait remise avec le prospectus de l'école. Elle s'en saisit. Là, c'était différent ; puisqu'elle n'avait aucune intention d'y remettre les pieds, ce serait amusant de conserver le prospectus pour le lire. Maintenant qu'elle était en sécurité à la maison, elle avait plaisir à se remémorer son aventure ; hormis l'accident de Tib, tout s'était bien passé – et on l'avait prise pour la fille d'un sorcier…

Mary sourit jusqu'aux oreilles à l'idée de Papa devenant invisible. Elle serait ravie de lui montrer le prospectus, et à Maman, aussi. La tête que feraient les gens quand ils sauraient qu'une école de sorcières se trouvait à un vol de balai de Manoir-Rouge. Elle se demanda s'il y aurait une photo, ou peut-être un plan pour indiquer comment s'y rendre. Elle ouvrit l'enveloppe.

Un morceau de papier en tomba.

On pouvait y lire, dans la même écriture assurée :

« Reçu de madame Mary ſmith LXIV de Manoir-Rouge dans le ſhropſhire, un familier pour expériences de métamorphoſe. Avec nos remerciements. »

Et en dessous, une initiale qui ressemblait à un M.

Chapitre 9

Puis-je y aller à la chandelle ? Si vous rentrez d'office...

Elle n'avait pas le choix. Elle devrait y retourner, et cette nuit. Il y avait fort à parier qu'on ne garderait pas Tib indemne jusqu'au lendemain, alors qu'on attendait le retour de Mary en tant qu'élève, sinon la directrice n'aurait pas fait autant de mystères au sujet du « don » que Mary avait fait, et elle aurait pris le petit chat plus ouvertement au lieu de… *Oui*, pensa Mary, en se rhabillant à toute allure, *c'est comme cela qu'ils s'y sont pris*. Quand Mme Mumbletchouk lui avait pris son chat, elle avait fait semblant de le poser sur le balai et avait attaché la laisse vide au manche, et M. Flanagan avait fait décoller le balai avant que Mary n'eût le temps de vérifier si Tib était bien là. Sous leurs airs aimables, ils étaient tous de mèche. *Et le docteur Dee aussi* – Mary en était sûre, maintenant –, *il a laissé Tib invisible exprès, pour aider la directrice et M. Flanagan à me le prendre*. Les chats étaient « si précieux », avait déclaré le docteur Dee… Mais si les chats connaissent la magie, alors Tib devait savoir ce qu'il risquait. Pourquoi donc l'avait-il conduite sciemment à l'Académie Endor ?

Au milieu de la chambre, tout habillée, Mary réfléchissait. Dehors, il faisait nuit noire, et le vent soufflait plus fort, rugissant dans la cime des arbres. Elle entendit des voix dans les escaliers ; Grand-Tante Charlotte montait se coucher tôt, comme à son habitude. Mme Marjoribanks tarderait tout au plus une heure. Inutile que Mary essayât de descendre les escaliers discrètement avant cela. Elle devait attendre.

Elle s'assit sur la chaise à côté de la lampe et ouvrit le livre rouge intitulé *Le Myſtère des ſortilèges.* Il lui fallait trouver trois sorts, s'ils y étaient. Elle localisa la table des matières et la passa en revue de son index.

Elle avait déjà vu le premier : *Pour ouvrir les ſerrures.* Les autres seraient probablement plus difficiles – mais il y en avait forcément un pour dissiper l'invisibilité, et un autre pour conjurer une métamorphose…

Mais ils n'y étaient pas. Elle reprit la liste du début et passa les sorts en revue un par un, lentement : « Pour changer en pierre. Pour le teindre en bleu. Pour le colorer en rose. Pour rendre ſes mains molles. Pour métamorphoſer en animal. Pour métamorphoſer un animal en un autre… »

Le doigt de Mary s'arrêta. *Le sort d'invisibilité,* se souvint-elle, *a été annulé en le récitant à l'envers. Les sorts de métamorphose fonctionnent peut-être de la même manière.* Elle feuilleta les épaisses pages jaunes jusqu'à en trouver une intitulée *Pour métamorphoſer un animal en un autre.* Elle passa le sort, qui était du charabia, jusqu'à la note de bas de page, qui indiquait en toutes lettres : « Ce ſort ne ſ'applique pas aux chats, crapauds et autres créatures familières des ſorcières. »

Alors, cela ne fonctionnerait pas… Les chats constituaient un cas à part. Mais puisque la directrice avait pris Tib pour le métamorphoser, il devait bien exister un sort pour le faire et donc un autre pour le défaire. Sauf si – et c'était une possibilité – ils ne conjuraient jamais les métamorphoses et se contentaient d'enchaîner les expériences, en transformant un malheureux spécimen en un autre…

Cette pensée lui fit froid dans le dos. Elle passa de nouveau la table des matières en revue. Rien de rien… *Ah ! Le voilà !* En bas de la page était imprimée une petite étoile suivie des mots : *Le ſortilège pour rompre tous les ſortilèges.*

Mary regarda à la fin du recueil.

Il était là, imprimé en encre pourpre, avec une étoile au début de chaque ligne. Et au-dessus, sous le titre *Le ſortilège pour rompre tous les ſortilèges*, était inscrit dans une petite écriture en pattes de mouche :

« Pour conjurer tous les ſorts à la ronde. Ce ſort ne doit être employé que contre un ſortilège qui a déjà été jeté. Dans le cas contraire, il ſe retournera contre ſon utiliſateur, pour ſon plus grand malheur. Prenez garde et ne me prononcez qu'en cas d'extrême besoin. »

Mary interrompit sa lecture. Des pas grinçants gravissaient les escaliers. Elle éteignit la lumière et attendit, retenant son souffle dans le noir et tendant l'oreille. Elle entendit la porte de Mme Marjoribanks s'ouvrir et se refermer, doucement. Quelques minutes plus tard, la pendule de l'entrée sonna 23 h 00. De craquement en craquement, la maison plongea dans le silence.

Mary put enfin bouger. Elle alluma la lumière et enfila son manteau sombre et des chaussures confortables. Elle mit une lampe torche dans l'une de ses poches et le recueil de sortilèges dans l'autre. Elle préleva l'une des clochettes de la vol-de-nuit violette, qu'elle conserva soigneusement dans sa main.

Puis, le cœur battant, elle ouvrit la porte de sa chambre. Il régnait un profond silence uniquement ponctué par le tic-tac régulier de l'horloge comtoise. Il n'y avait plus de lumière sous la porte de Grand-Tante Charlotte ni sous celle de Mme Marjoribanks. Mary alluma sa lampe de poche et traversa le couloir à tâtons jusqu'à l'escalier, qu'elle descendit à pas de loup, en évitant de faire craquer l'antépénultième marche, qui ne manquerait pas de la trahir.

Alors qu'elle arrivait dans l'entrée, l'horloge comtoise se racla la gorge et sonna la demi-heure.

Mary sursauta. Puis le doux tic-tac régulier reprit.

« Ding, dong ! Ding, dong !… »

Cela lui rappela l'autre horloge, celle du laboratoire de l'Académie Endor, dont les poids en plomb ressemblaient à d'horribles petites souris mortes, et la désagréable comptine qu'elle semblait jouer. Elle braqua sa lampe de poche sur l'horloge. Son visage en cuivre lui décocha un clin d'œil. Des chérubins ornaient les coins supérieurs, encadrant un soleil jovial entouré de rayons ondulants, joue contre joue avec une lune enjôleuse. Les poids étaient cachés dans le corps de l'horloge, mais Mary savait à quoi ils ressemblaient : de grosses pommes de pin aux écailles serrées.

C'était une superbe horloge ancienne, simple et rassurante, et à ce moment Mary aurait très bien pu gravir à nouveau les escaliers et essayer d'oublier l'autre, si un mouvement au pied de l'horloge n'avait pas attiré son attention. Une souris, une vraie, petite et soyeuse, aux yeux vifs, qui s'était faufilée sur le côté, hors de portée de la lampe torche, et avait disparu dans le lambris.

« Attends que Tib te voie », murmura Mary.

Elle ajouta, à sa grande surprise :

« Après tout, c'est normal, c'est dans l'ordre des choses ; c'est entre Tib et la souris. Mais la magie – la magie, ce n'est pas normal. Ni pour Tib ni pour les souris – et certainement pas pour ces pauvres créatures en cage, quelles qu'elles soient. Je dois y aller. Et il ne vaut mieux pas utiliser le recueil de sortilèges pour ouvrir la porte d'entrée. Je le ferai de la manière traditionnelle, même si cela prend plus longtemps… »

Cela ne prit pas si longtemps. Quelques instants plus tard, le dernier verrou recula et la clé tourna pour laisser Mary sortir dans l'air sombre de la nuit.

C'était tellement facile qu'elle avait l'impression de l'avoir fait toute sa vie. Le petit balai était toujours là où elle l'avait laissé, et il devait dormir, car lorsque Mary s'en saisit, il sursauta et lança une ruade qui le lui arracha presque des mains. Mais elle savait désormais quoi faire. Elle pressa la vol-de-nuit dans sa main, frotta sa paume le long du manche et lui ordonna d'un ton ferme :

« Pas bouger ! »

Le petit balai se tint immobile.

« Voilà qui est mieux ! » s'exclama Mary sévèrement.

Elle enfonça soigneusement la lampe torche et le livre dans ses poches, enfourcha le balai, l'enduisit à nouveau – doucement cette fois-ci – du suc de la fleur écrasée, et lui commanda :

« Académie Endor. Porte principale, et prudemment, s'il te plaît ! »

Réprimant une imperceptible ruade, le balai s'élança dans les airs et se dirigea tout droit vers l'amas d'étoiles le plus proche.

Impossible d'évaluer la distance ou l'altitude, cette fois-ci. La sensation de vitesse était plus grande encore que pendant la journée, car toutes les étoiles semblaient, elles aussi, défiler et tournoyer à toute allure. Mary avait l'impression de voler dans une girandole, un feu d'artifice d'astres virevoltant dans le ciel, à travers lequel le petit balai laissait un sillage effervescent de bulles de lumière. Puis, les étoiles s'éloignèrent, devenant de petites poussières brillantes, les arbres sombres se rapprochèrent jusqu'à les occulter, et le balai était arrivé.

Conformément à ses instructions : devant l'escalier de la porte principale.

Mary mit pied à terre. Le balai étant resté parfaitement immobile pendant l'opération, lorsqu'elle le posa dans l'ombre contre le mur de la bâtisse, elle le gratifia d'une petite tape amicale et lui murmura :

« Attends-moi et sois sage. Je n'en ai pas pour longtemps. »

Elle attendit un instant à ses côtés dans le noir, les oreilles et les yeux grands ouverts. Il n'y avait pas de lumière aux fenêtres. Le coq de garde était silencieux. D'ailleurs, peu de sons étaient audibles par-dessus le vent qui soufflait dans les cimes. Il grondait plus fort à présent, comme s'il annonçait une tempête. Se rétractant dans les ténèbres qui séparaient les marches du mur de la demeure, Mary sortit son livre et sa lampe torche et éclaira prudemment la page.

Pour ouvrir les serrures…

Elle avait le droit, se dit-elle, d'utiliser le sort sur la porte principale de l'Académie Endor. La formule semblait simple, mais si la serrure était vraiment magique…

Elle l'était et le sort fonctionna. La porte s'ouvrit sans à-coups dans un silence docile et Mary, le cœur battant, s'introduisit dans le hall. Elle referma doucement la porte derrière elle et se tint immobile, tendant l'oreille.

Pas de lumière ; pas de sons. S'éclairant furtivement de sa lampe de poche, elle avança à tâtons dans le couloir en direction de la porte du laboratoire.

Elle était fermée, mais pas à clé. Elle l'entrouvrit et se retrouva dans l'horrible pièce encore gravée dans sa mémoire. Celle-ci était plutôt bien éclairée. La chaudière ronflait toujours dans une lumière verte derrière sa porte transparente, emplissant la longue salle de cette lugubre lueur phosphorescente, et imprimant des reflets et des ondulations scintillantes sur l'étagère remplie de bocaux et de flacons.

La pendule égrenait son tic-tac décalé, avec son horrible petite rime :

« Ding, dong ! Ding, dong !
La souris a grimpé
Sur la pendule qui a sonné… »

Mary l'ignora. Elle referma la porte avec précaution et avança sur la pointe des pieds, dépassa le bureau de la professeure jusqu'à la colossale porte de la chambre forte qui était verrouillée.

Le livre était toujours ouvert à la page du sort pour ouvrir les serrures. Elle posa sa main, encore un peu collante du suc de la vol-de-nuit, sur l'hippocampe en bronze qui faisait office de poignée, et murmura le sort.

L'immense porte s'ouvrit sans encombre pour lui laisser le passage.

À l'intérieur, la lampe brûlait toujours de sa lumière jaune. Au fond, dans les ténèbres, les barreaux des cages luisaient, et derrière les barreaux, les yeux. Tous grands ouverts, qui la fixaient.

« Tib ? chuchota Mary. Tib ? Tu es là ? »

Pas de réponse. Seuls des bruissements et une rumeur de glougloutements sourds parvenaient à Mary, tandis que toutes les étranges créatures difformes se pressaient à l'avant de leur cage. Celles qui avaient des yeux les pointaient sur elle, suppliants. De petites pattes grattaient contre les barreaux.

« Tib ? »

Si Tib était là, il était évident qu'il lui ferait un signe. Elle se mit à courir le long des rangées de cages, qu'elle inspectait à la lueur de la lampe en appelant : « Tib ? Tib ? Tib ? » dans un murmure désespéré.

Un écureuil sortit la patte et s'accrocha à sa manche. Elle s'arrêta.

« Tib ? C'est toi ? »

Dans la cage d'à côté, la patte arrière d'un hérisson se tendit vers elle désespérément, et depuis la cage du dessus, une griffe difforme se déploya pour lui caresser les cheveux.

Mary n'avait pas prévu cela. Elle s'écarta de la rangée de cellules et reprit sa lampe torche pour passer en revue les cages en rangs serrés.

« Tib ? Tib ? Si tu es là, fais un bruit ! Essaie, Tib ! Essaie de miauler ! Tu as toujours ta voix, n'est-ce pas ? »

Mais ils la comprenaient tous. Et ils étaient tous désespérés. De chaque cage émanaient de petits bruits frénétiques, tandis que les lapins, rats, écureuils, pangolins, hérissons, grenouilles et lézards essayaient, avec des gorges toutes différentes, de miauler.

« S'il vous plaît, s'il vous plaît ! »

Se couvrant les oreilles avec ses mains, Mary était au bord des larmes.

« Mettez-vous à ma place ! Je ne peux pas ouvrir toutes ces serrures ; cela prendrait des heures et des heures ! Et même si je le pouvais, comment vous enfuiriez-vous ? Vous êtes tous si petits et aucun de vous n'a de vraies pattes ou de vraies ailes ! Je vous en supplie, taisez-vous et laissez-moi trouver Tib ! »

Mais ses mots restèrent lettre morte. Les yeux l'imploraient, les pattes s'agitaient frénétiquement entre les barreaux, les petites gorges croassaient, miaulaient, glougloutaient et hurlaient.

Puis tout à coup, le silence.

Alors Mary entendit, elle aussi, ce qui les avait stoppés net. Des pas qui arpentaient le couloir en direction de la porte du laboratoire.

X

Chapitre 10
Vite, vite, il faut se presser

On entendait les pas de deux personnes, dont l'une était Mme Mumbletchouk. Mary l'entendit parler, puis une voix d'homme lui répondit.

Elle courut jusqu'à la porte de la chambre forte et attendit immobile, en tendant l'oreille. Peut-être ne venaient-elles pas ici ; peut-être les voix passeraient-elles la porte du laboratoire sans s'arrêter…

Elles s'immobilisèrent juste devant.

« Une expérience des plus réussies, docteur Dee, annonçait la directrice. Et qui méritait bien ces heures supplémentaires. Nous pouvons nous féliciter. »

La poignée tourna.

Mary bondit à l'intérieur de la chambre forte et tira la gigantesque porte derrière elle. Celle-ci se ferma silencieusement, dans un léger soupir. Mary n'entendait plus rien. Autour d'elle, les créatures ne faisaient aucun bruit, à l'exception de leurs petites griffes qui éraflaient doucement le sol des cages et de leurs faibles halètements. Un silence de mort régnait dans l'air ; les battements de cœur de Mary résonnaient comme des bruits de pas.

Ils avaient parlé d'une expérience. Peut-être voulaient-ils simplement prendre quelque chose dans le laboratoire. Peut-être ne rentreraient-ils pas dans la chambre forte…

Elle entendit la serrure de la porte s'actionner avec un léger déclic.

Lorsque Mme Mumbletchouk et le docteur Dee pénétrèrent dans la chambre forte, Mary se trouvait tout au fond, accroupie par terre dans le noir derrière le dernier renfoncement de cages…

« … ici, disait la directrice, ce sera suffisant pour ce soir, n'est-ce pas ? Nous pourrions continuer demain ?

— Bien sûr, répondit le docteur Dee. J'avoue, c'est un défi pour moi, un vrai défi. Un sujet encore plus difficile que le gris, ne trouvez-vous pas ?

— Absolument. Mais quelle satisfaction de pouvoir confronter ses résultats avec celui-ci, et si rapidement. »

Un bruit indiqua que quelque chose venait d'être posé.

« Et voilà, quelle différence, n'est-ce pas ?! Je ne pense pas qu'il soit facilement reconnaissable maintenant, même si elle décide de faire des problèmes.

— Ne dit-on pas que la nuit, tous les chats sont gris ? ajouta le docteur Dee avant d'éclater de rire. Ah, il est réveillé. Tout va bien. À un moment, je dois vous avouer, chère madame, j'ai craint d'avoir trop dosé la potion. Mais je crois pouvoir affirmer que nous sommes peut-être même sur le point de découvrir l'une des formules classiques. Et je pèse mes mots. Je suggère toutefois de laisser la créature dans la cage du laboratoire pour la nuit, jusqu'à ce que… Ah, vilain ! »

Quelque chose a craché, mais pas comme un chat ; plutôt comme un serpent, se dit Mary. Mme Mumbletchouk s'esclaffa et le docteur Dee déclara sur un ton bienveillant :

« Il apprendra. Et à présent, chère madame, je ferais mieux de partir.

— Passez d'abord par mon bureau, lui proposa la directrice. Un petit verre pour la route ? La nuit est agitée, à en juger par le bruit du vent. Votre balai est-il fiable ?

— Absolument. Il va tout droit à son écurie, jamais un écart à droite ou à gauche. Il ne sait pas faire autrement, lui répondit le docteur Dee. Après vous, chère madame. »

Ils s'en allaient. Mary retint son souffle. Elle avait l'impression que toutes les créatures dans les cages faisaient de même. La grande porte se referma sur son coussin d'air. Le silence s'installa. Elle rejoignit à pas de loup la partie éclairée de la pièce pour voir ce que la directrice avait apporté.

Dans une petite – une minuscule – cage faite d'un métal ordinaire brillant, une cage guère plus grande qu'un gros piège à souris, se trouvait une grenouille. Elle était bossue, avait les yeux exorbités et la peau tachetée. Elle était assise sur ses énormes cuisses, et ses pattes avant étaient trop courtes. Ce n'étaient que de petites griffes incurvées, serrées contre sa poitrine. Quand elle vit Mary, elle se releva, se traîna sur ses pattes arrière jusqu'aux barreaux, et essaya de tendre vers elle ses membres insignifiants.

Ils avaient parlé « d'une expérience. Un sujet difficile. Il apprendra. » Et ils avaient ri.

Mary passa un doigt entre les barreaux, et les petites pattes l'attrapèrent. Dans la lumière de la lampe torche, elle vit la peau mouchetée douce comme de la soie, les puissants muscles de la grenouille se contracter et luire, les yeux globuleux briller.

« Tib ? demanda-t-elle du bout des lèvres. Mon beau Tib. Je sais que c'est toi. Rien de ce qu'ils t'ont fait ne t'empêcherait d'être beau. Et je crois que je commence à comprendre ; le "gris" dont il parlait, c'était ton frère Gib, n'est-ce pas ? Lui aussi doit être quelque part ici. Si j'arrive à te faire sortir, tu peux me montrer qui il est et nous l'emporterons avec nous. Reste tranquille et lâche mon doigt. Je dois trouver le sortilège pour rompre tous les sortilèges. »

Employé seul, le sort pour ouvrir les serrures ne serait d'aucune utilité. Elle devait également conjurer la métamorphose. Elle ouvrit le livre à la page du sortilège pour rompre tous les sortilèges.

Les lignes rouges, précédées de leurs étoiles de mise en garde, vacillaient dans la lumière de la lampe…

« Il ſe retournera contre ſon utiliſateur, pour ſon plus grand malheur. Prenez garde et ne me prononcez qu'en cas d'extrême besoin. »

C'était bel et bien un cas d'extrême besoin, et s'il se retournait contre elle, tant pis. La situation était terrible pour Tib et son frère, et pour les innombrables créatures qu'elle aurait désespérément voulu aider aussi.

Elle prit une inspiration. La porte colossale était hermétiquement fermée. Pas besoin de chuchoter. Elle haussa la voix jusqu'à un volume normal et prononça le sort à toute vitesse en articulant…

Le sort comptait six lignes, qu'il est impossible de retranscrire ici, car après cette nuit Mary ne put jamais se rappeler un traître mot. Mais c'était une formule courte, simple et joyeuse, qui se terminait par ce qui aurait pu être (mais ne l'était pas) « la ronde dansante des jours ».

« … dansante des jours », conclut Mary avec détermination.

Le tour était joué.

Tout eut lieu en même temps.

Dans un brouhaha de déclics et de craquements, comme un million de milliards de noix écrasées sous les pieds de cent éléphants, les serrures des cages – de toutes les cages – se déverrouillèrent. La porte du placard sortit de ses gonds, et la grenouille en verre en roula tandis que les livres et les papiers sur les étagères s'embrasèrent et partirent en fumée. La porte de la chambre forte s'ouvrit en grand. Et de chaque cage, les créatures bondissaient, s'envolaient, rampaient, se traînaient, se frayaient un chemin avec leurs griffes, et se rassemblèrent, grouillant sur le sol, tout autour des pieds de Mary. Puis, tout à coup, la lampe tamisée se gonfla dans un grésillement d'éclairs et d'étincelles, et l'air vicié de la chambre forte tourbillonna en sifflant à travers les barreaux des cages vides emmenant avec lui – non pas les souffles poussifs et les griffes traînantes des malheureuses créatures rabougries par terre – le bruissement des ailes et le piétinement des sabots. Sous les yeux de Mary, un hérisson boiteux s'étira, s'agrandit et se transforma en un jeune cerf moucheté, aux grands yeux, et souple comme un saule ; un pangolin rampant s'éleva dans les airs arborant les fines ailes et la gorge rousse d'une hirondelle ; la grenouille en verre, roulant à ses pieds, fondit pour revêtir le velours argenté d'un magnifique chat gris souris ;

Mary était entourée d'ailes, de piaillements de joie d'oiseaux, de robes mouchetées et d'un tourbillon de ramures.

Et de la petite cage en métal à la serrure forcée bondit Tib, ses yeux brillants écarquillés. Il atterrit sur l'épaule gauche de Mary, tandis que le chat gris grimpait à toute allure sur son autre bras, enfonçant profondément chacune de ses griffes dans le col de son manteau.

Abasourdie, Mary fut incapable de bouger pendant plusieurs secondes. Le feu d'artifice de magie et le vacarme semblaient crever la nuit.

Puis elle s'écria :

« Courez ! Par là ! »

Et elle détala, franchit la porte de la chambre forte et traversa le laboratoire.

Là aussi, tout n'était que chaos. Les éprouvettes et les cornues explosaient dans un concert d'étincelles et d'éclairs, des liquides rouges, verts et violets s'en échappaient, les sabots des daims au galop projetant des jets de couleur jusqu'à hauteur d'épaule. Les poids de l'horloge s'écrasèrent sur le sol, se métamorphosèrent en souris et disparurent dans la fissure la plus proche, suivies de près par celles de la cage ouverte sur la paillasse. Les ressorts de l'horloge se détendirent en hurlant, de grandes bobines déchaînées, et tournoyèrent trois fois avant de se briser dans un fracas de métal.

« Ding », hoqueta la pendule avant de s'arrêter.

La chaudière explosa.

La porte du laboratoire était grande ouverte. Le livre à la main et les chats sur ses épaules, Mary s'y élança et, au milieu d'une nuée d'oiseaux, avec une harde de daims sur ses talons, dévala le long couloir jusqu'à la porte principale.

Elle était ouverte, elle aussi.

Mais celle du bureau de la directrice l'était également. Et dans l'embrasure, côte à côte, se dressaient Mme Mumbletchouk et le docteur Dee, pétrifiés de rage.

Puis, comme s'ils n'étaient qu'une même personne, ils passèrent à l'action. Le docteur Dee brandit sa baguette magique en s'écriant :

« Arrêtez ! Je vous ordonne de vous arrêter ! »

Et Mme Mumbletchouk s'empressa de claquer la grande porte.

Mais personne ne s'arrêta, pas même une seconde. Le docteur Dee agitait sa baguette et continuait de vociférer, mais sa voix était couverte par le ramdam d'ailes et de sabots et les cris excités des bêtes. Sur l'épaule gauche de Mary, Tib hurlait comme un diable, tandis que sur la droite, le chat gris lui faisait écho. Le vacarme était apocalyptique. Peut-être parce qu'il suffisait à noyer la voix du sorcier, ou peut-être parce que le sortilège pour rompre tous les sortilèges faisait encore effet, la directrice et le docteur étaient impuissants. Au contact de la main de la sorcière, la porte principale s'ouvrit de part en part avec une telle violence que la directrice fut projetée contre le mur ; et la harde de daims, avec Mary au centre et la volée d'oiseaux au-dessus de leurs têtes, fonça sur le sorcier, les aplatissant lui et sa baguette contre le sol. Puis toute la clique dévala les larges marches dans l'anarchie la plus totale pour rejoindre la liberté dans la fraîcheur de la nuit.

Les daims détalèrent à travers la prairie pour gagner le couvert des arbres. Mary les vit atteindre le mur, qu'ils franchirent telle une vague dans la brise étoilée. Les oiseaux s'envolèrent à la verticale dans les airs constellés, piaillant de joie. Mary descendit les dernières marches en trébuchant, les chats s'accrochant à elle comme du chiendent, et courut jusqu'au coin sombre où elle avait laissé son petit balai.

Il avait dû venir à sa rencontre. Elle faillit se prendre les pieds dedans, appuyé qu'il était contre le griffon en pierre au pied de l'escalier.

Elle l'enfourcha, lui donna une tape de la main et cria :

« À la maison ! Tout droit à la maison ! »

Il décolla d'un bond. Comme elle s'élevait au-dessus des arbres, prenant de la hauteur, elle aperçut en dessous la dernière vague de daims qui franchissaient le mur du parc et filaient à toute allure dans les bois sombres. Tout autour, les cimes des arbres regorgeaient d'oiseaux, qui chantaient comme en plein jour. Puis, la forêt, les chants d'oiseaux et le parfum des arbres disparurent sous elle, et il n'y avait plus rien d'autre que sa course à la lumière des étoiles et les hurlements euphoriques des deux chats dans ses oreilles.

Le trajet lui sembla beaucoup plus court que d'habitude. Le balai ralentit et plongea à travers un tourbillon de nuages, avant d'atterrir en douceur sur l'herbe.

Mary en descendit avec raideur. Les chats bondirent de ses épaules, mais à sa surprise, restèrent à ses pieds, et même dans la lumière intermittente des étoiles drapées de nuages, elle pouvait voir leur dos arqué et la rigidité de leur queue. Ils semblaient regarder en direction de la maison.

Mary se retourna pour voir ce qui leur faisait si peur. Puis ce fut son tour de se raidir et de regarder fixement. Et elle était sûre que si elle avait eu une queue comme les chats, celle-ci aurait été dressée comme la leur, et ébouriffée comme un goupillon.

Ce n'était pas la bonne maison.

Elle se saisit du balai. Ce n'était pas le bon balai non plus. Son petit balai était resté exactement là où elle lui avait dit. Et il n'y avait qu'un autre visiteur à Endor cette nuit. « Tout droit jusqu'à son écurie, jamais un écart à droite ou à gauche », avait dit le docteur Dee. Et c'était là qu'il l'avait conduite.

Mary se tenait sur la pelouse devant la maison du docteur Dee, avec à la main le balai du docteur Dee, fixant avec horreur la façade de la maison du docteur Dee.

Les chats crachèrent, s'éloignèrent d'un bond et disparurent dans l'obscurité.

Quelqu'un surgit des buissons à côté d'elle. Une voix bourrue et menaçante s'écria :

« Alors c'était toi, espèce de sale sorcière. Maintenant que je t'ai, tu ferais mieux d'obéir ! »

XI

Chapitre 11

Un balai de sorcière, bien plus rapide qu'un éclair

C'était un garçon ; un garçon à peu près de l'âge de Mary, peut-être un peu plus vieux, mais plus grand et à l'air peu commode. Ses cheveux semblaient très foncés à la lumière des étoiles, et il fronçait les sourcils d'un air féroce. Il brandissait aussi un gourdin surmonté d'un redoutable pommeau.

Puis il s'arrêta, la dévisagea et poursuivit avec une hésitation mêlée de surprise :

« Je te connais, n'est-ce pas ? Je t'ai déjà vue quelque part, mais je ne sais plus où… Qui es-tu ? »

Mary avait reculé d'un pas devant la menace du bâton.

« Je ne t'ai jamais vu de ma vie. Je m'appelle Mary Smith, je viens de Manoir-Rouge. Es-tu l'apprenti du docteur Dee ?

— Le quoi du docteur qui ? Bien sûr que non ! »

Il semblait étonné et indigné, mais il avait laissé tomber son arme.

« Je suis le fils du pasteur, Peter. Moi aussi je vis à Manoir-Rouge, mais je… »

Il resta bouche bée.

« Mais oui, c'est ça ! Je t'ai vue sur une photo au manoir, c'est pour ça que j'avais l'impression de te connaître. Papa a dit que tu séjournais chez ta grand-tante.

— On m'a dit que vous étiez partis en vacances, lui répondit Mary.

— Nous sommes rentrés aujourd'hui. Mais qu'est-ce que c'est que tout ça ? Qu'est-ce que tu fais ici ? Et pourquoi je serais l'apprenti de quelqu'un ? C'est qui, ce docteur Dee ?

— Tu ne le sais pas ? C'est sa maison ici… enfin, je pense que ça l'est. »

Il la dévisageait toujours en fronçant les sourcils, mais d'un air perplexe, ce qui donna de l'assurance à Mary. Elle ajouta :

« Et toi, qu'est-ce que tu fais là, d'abord ?

— Je suis venu chercher mon chat, répondit Peter.

— Alors il est à toi ! s'écria Mary. Le gris ? C'est donc Gib ? »

Il acquiesça.

« À notre retour, M. Spenser nous a dit que Gib avait disparu depuis une semaine, et que personne ne l'avait vu depuis. Nous avons passé la journée à le chercher partout. Maman et Papa ont pensé qu'il avait dû s'enfuir, mais je savais qu'il n'aurait jamais fait ça. Et puis j'ai trouvé un mot sous l'un des pots de fleurs du cabanon. C'était écrit…

— Je sais ce qui était écrit. C'était un reçu pour “un familier pour des expériences de métamorphose” », l'interrompit Mary.

Le garçon se raidit, et son gourdin se remit en mouvement quand il s'en saisit plus fermement.

« Mais alors, tu es une sorcière ? Je… je ne pensais pas qu'elles existaient, mais quand je t'ai vue… Je suis sûr de t'avoir vue voler par-dessus le mur, et voilà le balai qui le prouve ! Et je suppose que ton docteur Dee est un sorcier, lui aussi, si tu as cru que j'étais son apprenti ! »

Il brandit le gourdin et fit un pas en avant.

« Je te jure que si tu ne me rends pas mon chat…

— S'il te plaît, l'implora Mary en reculant de nouveau. Je ne suis pas une sorcière, promis ! Je me suis simplement retrouvée embarquée dans cette histoire, comme toi, parce que mon chat avait disparu, lui aussi, et d'ailleurs je les ai retrouvés tous les deux, et remétamorphosés. J'ai trouvé un livre de sortilèges et…

— Tu penses vraiment que je vais te croire ? l'interrogea Peter. Alors, où sont-ils ?

— Là, répondit Mary soulagée, au moment où les deux chats, le poil de nouveau lisse et brillant, sortirent de l'ombre pour les rejoindre sur la pelouse.

— Gib ! » s'écria Peter.

Son arme s'écrasa sur l'herbe avec un bruit sourd, et il prit le chat dans ses bras, le serrant fort.

« Où l'as-tu trouvé ?

— Écoute, lui répondit Mary avec le plus grand sérieux, je n'ai pas le temps de t'expliquer. Il faut que tu me croies et que nous déguerpissions d'ici sur-le-champ. Ils sont deux – le docteur Dee et une sorcière qui vit non loin d'ici, et je pense qu'ils sont à mes trousses. Ils sont dangereux, ça tu le sais déjà. »

Elle se baissa et prit Tib dans ses bras.

« Dépêchons-nous ! Je te raconterai tout en chemin. »

Mais le garçon ne bougea pas.

« C'est bien le problème, expliqua-t-il. Nous ne pouvons pas sortir. Les murs sont lisses comme du verre, il n'y a aucun arbre et la grille est fermée à clé. »

Mary jeta un coup d'œil alentour. Il avait raison. La maison du docteur Dee se dressait au milieu d'un jardin carré entouré d'un très haut mur. Pas un arbre, pas une plante grimpante, rien qui permettait d'escalader. Et même à la lueur des étoiles, elle apercevait l'énorme cadenas qui condamnait la porte.

« Mais comment es-tu entré alors ?

— À pied, expliqua Peter amèrement. J'avais cru entendre Gib miauler à l'intérieur, alors je suis entré sans hésiter. Mais les grilles se sont refermées derrière moi, sans un bruit, et je suis là depuis des heures. Maman et Papa doivent se faire un sang d'encre. Ils ont certainement demandé à la police de se lancer à ma recherche. Il doit être minuit.

— Il est probablement plus tard que ça, ajouta Mary pour qui la nuit avait été bien longue. Alors, nous allons devoir sortir en volant, comme je suis entrée. Serre bien fort Gib, d'accord ?

— Alors c'est vrai ? C'est de la magie ?

— C'est de la magie qui a refermé la grille derrière toi, lui expliqua Mary, tu peux en être sûr. Mais j'en ai aussi, je t'ai dit. Il y a un souci avec ce balai… C'est celui du docteur Dee et je ne suis pas sûre de pouvoir l'obliger à nous ramener à la maison, mais au moins il nous permettra de franchir le mur. »

Elle fouilla dans sa poche à la recherche des restes de vol-de-nuit et pressa les dernières gouttes de ses sucs sur sa main.

« Dépêche-toi et accroche-toi bien. Ces balais sont capricieux, il leur arrive de ruer. »

Mais celui-ci ne rua pas. Quand Mary le frotta avec la vol-de-nuit en lui donnant l'ordre clair de « passer par-dessus le mur et voler jusqu'à Manoir-Rouge – Manoir-Rouge, dans le Shropshire. Compris ? », le balai fit de son mieux et quitta le sol, mais avec le poids de deux personnes, il peinait à s'élever jusqu'en haut du mur. À un mètre quatre-vingts environ, il s'arrêta et se mit à faire le tour du jardin jusqu'à donner le tournis aux deux enfants, et Mary finit par s'exclamer :

« Descends, mais *descends* ! »

Avec un frétillement de soulagement, le balai retomba au sol. Les deux enfants mirent pied à terre. Ils n'avaient plus besoin d'agripper les chats ; Tib et Gib avaient l'air de bien saisir la situation et restaient muets, chacun cramponné à l'épaule de l'un des enfants à l'aide de ses 18 griffes.

« Mais qu'est-ce qu'on va faire ? », demanda Peter à son grand désarroi.

Puis il releva la tête.

« Écoute ! C'est quoi, ça ? »

Par-dessus le murmure du vent dans la cime des arbres s'éleva un autre son ; un sifflement sourd que Mary reconnut avec un frisson qui lui parcourut le dos.

« C'est un balai qui arrive. Le docteur Dee. Vite, cachons-nous !

— Il ne lui faudra pas deux minutes pour nous retrouver. Il n'y a que ces buissons, pas d'autre endroit où se cacher dans le jardin, et la porte de la maison est fermée à clé. J'ai essayé de l'ouvrir. Je cherchais un téléphone – ce n'est pas le moment de rigoler, je te jure ! Ah, les filles ! »

Il l'attrapa par le bras.

« Cachons-nous dans les buissons, vite. C'est notre seule chance ! »

Mais Mary se précipita en direction de la porte de la maison.

« Non. Je t'ai dit que je pouvais faire de la magie. Je peux ouvrir les serrures. »

Elle sortit sa lampe torche et son livre de sa poche, et braqua la lampe sur les pages.

Peter était vif. *Il a immédiatement compris pourquoi. Même si*, pensa Mary admirative, *il n'a guère eu le temps de s'habituer au concept de magie.*

« Vraiment ? Alors si tu ouvres la porte de la maison, il pensera que nous sommes entrés, et nous aurons le temps de filer par la grille pendant qu'il fouille à l'intérieur. C'est ça ?

— Nous n'aurons peut-être même pas besoin d'ouvrir le portail. »

Dans la main de Mary, la lampe torche avait trouvé la bonne page et fixait le sort des serrures.

« Il apporte un autre balai. Nous en aurons un chacun. Attends. »

Elle murmura le sort en direction de la porte de la maison, qui s'ouvrit sur-le-champ, révélant une entrée sombre. Elle entendit un cri de surprise derrière elle, mais quand elle se retourna, Peter et le chat gris avaient disparu. Elle traversa la pelouse à toute allure, attrapa le balai et se réfugia avec Tib dans les buissons, où elle s'accroupit aux côtés de Peter.

C'était moins une. Au-dessus de leur tête, ils entendirent encore le long sifflement sourd, comme si on déchirait du papier, et un balai chevauché par une silhouette noire recroquevillée passa au-dessus du mur comme une fusée avant d'atterrir sur l'herbe avec un bruit sourd.

Le docteur Dee était hors de lui. Lorsqu'elle entendit le cri qu'il poussa en voyant la porte ouverte, Mary se recroquevilla dans les buissons, où elle sentit Peter trembler à côté d'elle. Le chat gris crachait doucement, mais ne bougeait pas. Tib ne faisait pas un bruit. Le docteur Dee sauta de son balai, le lança de colère sur le côté et pénétra à toute allure par la porte de la maison, brandissant sa baguette magique blanche au-dessus de sa tête.

« Tu es prise au piège, jeune sorcière, l'entendirent-ils hurler. Et pour couronner le tout, tu as détruit mon laboratoire ! Tu vas voir ! Gormbridge ou pas

Gormbridge, professeur ou pas professeur, tu vas voir ce que tu vas voir ! »

Il fouillait la maison. De fenêtre en fenêtre, au fil de ses recherches, les enfants apercevaient la lumière verte vacillante de sa baguette.

Les enfants la suivaient du regard. Elle apparut, tout à coup, à une fenêtre de l'étage. Puis elle disparut.

Peter lui souffla :

« Il est au fond de la maison. Allons-y. »

Ils traversèrent la pelouse en courant, et Mary s'empara du balai que le docteur avait jeté. Elle le sentit tressaillir d'appréhension… ou était-ce de la rage ?

« C'est mon petit balai ! murmura-t-elle, euphorique et soulagée. Et il sait rentrer à la maison ! Tiens, prends celui du docteur Dee. En espérant qu'il suive le mien… »

Mais ce ne fut pas le cas. À la seconde où Peter s'en saisit, il se cabra, rua, et lui échappa des mains. Il fila par la porte de la maison pour rejoindre son maître.

« Il va droit vers lui ! s'exclama Peter consterné. Il va savoir que tu es là ! Vite, Mary, enfourche ton balai et va-t'en. Il ne sait pas que je suis là, ça va aller. Et au matin… »

Mais Mary cavalait déjà en direction de la grille.

« Nous partirons ensemble ou pas du tout. Nous avons de la magie. Nous trouverons bien une solution. Cette nuit, je suis une sorcière, comme il le dit. »

Et elle avait tout l'air d'en être une. Dans sa hâte, elle avait lâché son petit balai, mais celui-ci trottait à côté d'elle. Elle n'avait plus besoin de la lampe ni du livre pour le sort des serrures. Elle sortit le dernier fragment de vol-de-nuit de la poche de son manteau et, l'écrasant contre le cadenas, marmonna la formule aussi vite qu'elle pouvait.

Le cadenas s'ouvrit en crachant une flamme verte avant de tomber au sol. La grille s'ouvrit sur des gonds grinçants qui semblaient pousser un cri de rage. Comme un écho, les enfants entendirent les hurlements du docteur Dee s'élever de la maison derrière eux. Ils se ruèrent à travers la grille sur un étroit chemin sinueux sous le ciel étoilé.

« Monte ! » cria Mary à Peter, qui sauta à l'arrière du balai, le chat gris agrippé à son épaule, crachant avec enthousiasme comme une vieille bouilloire. Tib était toujours silencieux, mais de temps à autre, sa queue s'agitait de droite à gauche, comme s'il ne pouvait pas s'en empêcher.

« Accrochez-vous, tout le monde ! cria-t-elle. Et maintenant, mon cher petit balai, ramène-nous tous à la maison, à Manoir-Rouge, s'il te plaît ! »

Et elle frotta sa main pleine de vol-de-nuit le long du manche du balai.

Malgré l'effort que cela lui demandait, le petit balai essaya très vaillamment. Il se souleva dans les airs sous le poids des deux enfants et des chats, et se hissa jusqu'à un mètre, un mètre trente, un mètre soixante…

À un mètre quatre-vingts environ, il revint à l'horizontale et s'élança à toute allure.

Le sommet des hautes haies qui bordaient le chemin arrivait au niveau de leurs genoux. De temps à autre, les branches des arbres se rapprochaient d'eux et leur battaient les pieds. Ils se courbaient autant que possible, s'accrochant fermement.

Apparemment, ils ne pouvaient pas aller plus haut, et à cette altitude, la sensation de vitesse était infiniment plus grande que dans l'immensité du ciel ou sur l'océan de nuages. Les deux enfants se retrouvèrent vite hors d'haleine, et Mary entendit Tib jurer par sa barbe alors qu'il bringuebalait, agrippé à son épaule. Le chemin était une succession de virages que le balai négociait en tanguant à droite et à gauche, agile comme une hirondelle. C'était terrifiant, grisant et très inconfortable. Mais ils rentraient chez eux et, à condition de ne pas rencontrer d'obstacle de plus de deux mètres, ils avaient de bonnes chances d'y arriver.

Tout à coup, ils entendirent l'autre balai approcher. Très haut au-dessus de leur tête, il portait le docteur Dee, qui vociférait toujours. Il les rattrapait rapidement. Mary redoutait le hurlement qu'il pousserait lorsqu'il les aurait repérés en dessous de lui. Mais à la place, sa voix se mua en un cri de salutation tandis qu'un autre long sifflement sourd fendait l'air, annonçant l'arrivée d'un nouveau balai, et la voix aiguë et furieuse de Mme Mumbletchouk l'interrogea :

« L'avez-vous attrapée ? »

Regardant en l'air, Mary les distinguait à peine tous les deux, hauts dans le ciel, des ombres se découpant sur les étoiles bercées par le vent. Des étincelles vertes jaillissaient de la baguette magique, éclairant la silhouette de la directrice et du docteur Dee, à moitié couchés sur leur monture, balayant le ciel du regard…

Nous allons nous faire repérer d'un instant à l'autre, se dit Mary. Au même moment, comme s'il avait lu dans ses pensées, le petit balai descendit tranquillement pour poursuivre sa course dans l'ombre du chemin.

On n'y voyait goutte et le balai ralentit fort heureusement le pas. Ils s'étaient libérés des branches qui leur battaient le visage, mais les virages et les dénivelés du chemin, que le petit balai semblait sentir avec la précision d'une chauve-souris volant dans la nuit, les prenaient par surprise, et ils partaient dans des embardées plus terribles que jamais, contraints de s'accrocher de toutes leurs forces. C'était comme chevaucher une monture indomptable lancée à toute allure dans la nuit noire sur un chemin qu'elle ne connaissait pas.

Et avec des chevaux beaucoup plus rapides à ses trousses. Les autres balais étaient quasiment à leur hauteur à présent, perchés tout en haut au-dessus de leur tête.

« N'oublie pas qu'ils ne savent pas que je suis là, lui murmura Peter. Ils pensent que tu es toute seule avec les deux chats. Ils doivent s'imaginer que tu es déjà loin devant. Si nous nous arrêtons ici à attendre, ils nous dépasseront et disparaîtront dans le lointain. Et là nous pourrons rentrer tranquillement à la maison. »

Mary ouvrit la bouche pour lui répondre, mais au même moment l'allée se termina par un cul-de-sac, et le petit balai jaillit hors de la pénombre rassurante des haies, dans une grande prairie, où sur l'herbe éclairée par les étoiles se découpait nettement leur ombre qui volait à toute allure.

Chapitre 12

Vole, vole, vole, Peter

Trop tard pour rebrousser chemin. Trop tard même pour se réfugier dans l'ombre de l'un des immenses chênes qui se dressaient de-ci, de-là, sur la prairie. Ils étaient repérés. Loin dans le ciel, retentirent à l'unisson deux cris de colère qui signifiaient qu'ils avaient été découverts.

« Elle est là ! hurla Mme Mumbletchouk, dont le cri fut accompagné de celui du docteur :

— Ils sont deux ! Elle avait un complice tout le long ! Regardez, ils sont deux sur le même balai !

— Et ça, s'égosilla la directrice, cela veut dire qu'ils ne peuvent pas aller plus haut ! Ils sont faits comme des rats, mon cher docteur, comme des rats ! Ils sont à nous, tous les deux ! Êtes-vous prêt ? Prenez-les à bâbord, je vais à tribord ! *À l'attaque !* »

Perchés dans la nuit, les deux balais s'écartèrent l'un de l'autre, avant de s'incliner, virer de bord et plonger. Ils volaient à une vitesse vertigineuse. Déchirant les airs dans un hurlement assourdissant, chacun d'un côté, ils fondirent sur leurs proies tels des aigles.

Soudain, Mary sentit le petit balai redoubler d'efforts, et pensa, sans grand espoir, qu'il faisait de son mieux pour accélérer. Mais non. Il tomba à nouveau de 60 centimètres, de sorte que les orteils des enfants essuyaient la rosée qui recouvrait les hautes herbes. Des campanules s'agitèrent en tintinnabulant. Des tanaisies couvrirent leurs jambes de rosée. Un chardon explosa gentiment contre le pied de Mary, éparpillant son nuage de graines tels des fantômes à travers l'herbe basse.

Elle s'agrippa plus fermement à son balai.

« S'il te plaît, je t'en supplie ! Oh, Peter, il va atterrir et ils vont…

— Non, s'empressa-t-il de lui glisser à l'oreille. Laisse-le. Il sait ce qu'il fait. Ne le vois-tu pas ? Ils ne peuvent pas nous attaquer tant que nous volons aussi bas. De cette altitude, ils s'écraseraient contre le sol et se briseraient, eux et leur balai, en mille morceaux. À moins qu'ils ne réussissent à nous forcer à atterrir, ils ne peuvent rien... »

Sa voix se perdit dans le cri gémissant du docteur Dee qui s'abattait sur eux. Le petit balai avait vaillamment tenu le cap, volant tout droit à l'horizontale, mais au moment où le docteur Dee descendit en piqué, il fit un écart, et les enfants penchèrent avec lui, heurtant le sol de leur pied droit. Leur monture s'arrêta un instant, mais se reprit immédiatement avant de détaler. Le balai assaillant les dépassa à toute allure. L'espace d'un instant, on aurait dit que le docteur Dee allait s'écraser au sol, mais il se rattrapa *in extremis* et son balai fila dans le lointain, pointé vers le ciel pour reprendre de la hauteur.

« Lève les pieds, haleta Peter. Baisse-toi autant que tu peux ! »

Tandis que Mary lui obéissait, l'autre balai revint à l'attaque. Mme Mumbletchouk était plus hardie que le docteur, ou alors elle ne maîtrisait pas aussi bien sa monture. Elle arriva à une vitesse vertigineuse, si vite que son cri de triomphe fut étouffé à mi-chemin par le souffle de son plongeon.

« Les familiers ! Les familiers sont là aussi ! Ils sont tous à nous ! Atterrissez, petits imbéciles, atterrissez ou vous le regretterez ! »

Elle était sur eux. Sa main libre frôla les cheveux de Mary. Le petit balai s'arrêta net, s'assit sur ses brindilles l'espace d'un instant qui les fit tressaillir, avant de faire demi-tour, comme un cheval faisant volte-face, et de partir à toute allure en volant à angles droits au-dessus de la prairie.

Mme Mumbletchouk allait trop vite pour s'arrêter ou tourner. Jetant un coup d'œil en arrière, Mary la vit s'écraser au sol. Au dernier moment, son balai se déroba, racla le sol dans un long dérapage puis, se cabrant, fila à nouveau tout droit dans les airs. Devant lui se dressa soudain la masse sombre d'un arbre. Le balai fit un écart, mais une seconde trop tard, et heurta l'extrémité des branches, fit une embardée, suivie d'un dérapage latéral, et éjecta sa cavalière. Ébranlée par cette collision à laquelle elle avait échappé de justesse, Mme Mumbletchouk avait relâché sa prise et tomba dans un enchevêtrement de jupons noirs pour atterrir dans les hautes branches de l'arbre, suspendue comme un vieux corbeau déplumé poussant des cris stridents.

« Bien fait pour elle, déclara Peter avec satisfaction. Je te l'avais dit que notre balai savait ce qu'il faisait. Tu vois, je crois qu'il nous a sauvés ! »

À ces mots, le petit balai, prenant un peu de hauteur, franchit d'un bond une barrière et un large fossé qui sentait la reine-des-prés, et les entraîna dans l'obscurité d'une profonde forêt.

Juste avant de disparaître entre les arbres, ils entendirent la directrice appeler :

« Docteur Dee ! Docteur Dee ! »

Une réponse lui parvint des airs, puis le sifflement de son balai s'écarta et retourna vers la cime du chêne.

« Voilà qui devrait les occuper un moment », ajouta Peter avec entrain.

Mary flatta le petit balai de sa main couverte de vol-de-nuit. Cela avait l'air de lui faire plaisir ; il faisait de petits sauts et des cabrioles tout en les conduisant à toute vitesse sur le long d'un chemin qui serpentait entre les arbres. Leur progression était encore plus laborieuse que sur la route, car le sentier était étroit, et la forêt, composée de grands arbres épars, était tapissée d'un épais sous-bois. Des cascades de lierre et de chèvrefeuille se déversaient des branches ; du houx, des sureaux et des noisetiers se massaient entre les colossaux troncs de chêne et de hêtre ; il y avait des fougères partout, et les grappes des digitales s'entrechoquaient au passage de leurs pieds. Dans la nuit, on aurait dit une jungle.

« Ce chemin finira sûrement par nous conduire à la maison, annonça Mary en verbalisant leur pensée à tous les deux. Le petit balai doit connaître la route. En revanche, cela risque de prendre horriblement longtemps. Cela avait l'air interminable, même en volant. »

Elle lui raconta son aventure aussi vite que possible.

« Combien de temps as-tu mis, Peter, sans balai ? Et comment es-tu arrivé jusqu'ici, d'ailleurs ?

— J'ai fait une partie du trajet à vélo. Quelqu'un m'avait dit que Gib se trouvait dans le jardin d'une maison vide à côté de la rivière… tu la connais ? J'y suis allé, mais le pont était plongé dans un épais brouillard, alors j'ai laissé mon vélo là-bas et j'ai continué à pied. C'était plus simple. J'ai cru entendre Gib m'appeler dans la brume. Cela devait être de la magie, non ? Quoi qu'il en soit, je me suis perdu dans le brouillard et je n'ai pas réussi à faire demi-tour, et puis je suis tombé sur la maison du docteur Dee.

— À quelle distance du pont ? lui demanda Mary.

— Je ne sais pas. J'ai eu l'impression de marcher pendant des lustres, mais… Hé, j'aperçois l'orée du bois. Dommage. J'espérais que nous resterions à couvert jusqu'au bout. S'ils nous attendent de l'autre côté…

— Ils doivent encore être coincés dans l'arbre, répondit Mary pleine d'optimisme, ou alors le balai de Mme Mumbletchouk s'est enfui ou… »

Elle s'arrêta. Juste au-dessus du sommet des arbres, on entendait la directrice et le docteur. Ils ne devaient pas être loin ; ils parlaient fort et assez distinctement.

« … dans les bois. Je l'ai vu clairement. Nous n'avons plus qu'à attendre ici, en patrouillant, déclara le docteur Dee parfaitement audible, pour voir de quel côté ils quittent leur abri. Et là, nous les tenons.

— Ne croyez-vous pas, mon cher docteur – la directrice semblait tout à fait remise de sa mésaventure –, que la fillette doit être en possession du sortilège pour rompre tous les sortilèges ? Sinon, comment aurait-elle pu conjurer toutes ces métamorphoses expertes et détruire notre laboratoire et toutes ces années de travail, le tout en un clin d'œil ? Tout est parti, tout ; le bâtiment principal entier. Le feu n'a pu être maîtrisé que lorsqu'il a gagné l'aile de l'internat – et puis il s'est éteint tout seul. C'est certainement dû au sortilège pour rompre tous les sortilèges. Alors, son nom était vraiment Smith… Quand nous l'aurons attrapée, cher docteur, nous devrons nous en occuper, mais je suis sûre que nous saurons quoi en faire… »

Par chance, l'espace d'un instant, la conversation se perdit dans une bourrasque qui caressa la cime des arbres. Mais après cela, les voix semblaient plus proches. On aurait dit qu'elles tournoyaient au-dessus de leur tête.

« … vous offrir l'hospitalité chez moi, déclarait le docteur Dee. Comparés à ceux de l'école, mes moyens sont modestes, mais je suis sûr, chère madame, que vous trouverez mon petit laboratoire personnel très bien équipé, vraiment très bien équipé. Plus que suffisant, ajouta-t-il avec un horrible gloussement, pour faire un sort à la jeune Mary Smith, Gormbridge ou pas.

— Mais… et le sortilège pour rompre tous les sortilèges, lui rappela Mme Mumbletchouk nerveusement. Et le sortilège pour rompre tous les sortilèges, alors ?!

— Il n'opère que jusqu'à l'aube, même pour une vraie Mary Smith, rétorqua le docteur Dee avec un nouveau gloussement. Il ne nous reste plus qu'à les garder dans les bois jusqu'au lever du jour, après quoi nous pourrons leur foncer dessus à notre guise. À moins, bien sûr, qu'ils ne décident de rester là et de se cacher, auquel cas…

— Nous n'aurons qu'à les laisser mourir de faim, décréta Mme Mumbletchouk avec satisfaction.

— Exactement, renchérit le docteur Dee. Et maintenant, chère madame, si nous prenons un peu de hauteur, nous pourrons surveiller tous les côtés de ces bois en même temps. »

Sa voix s'évanouit à mesure que les deux balais s'élevaient. Le son de leurs vols circulaires s'estompa, mais resta présent, en fond du froissement des fougères sur le passage des enfants et de leur destrier.

Les enfants ne parlaient pas. Ce n'était pas de chance. Ils n'avaient pas d'autre choix que de s'en remettre au petit balai. Mais celui-ci semblait avoir compris. Tout à coup, à quelques mètres de l'embrasure étoilée qui indiquait la lisière du bois, il s'arrêta et se posa sur ses brindilles. Peter en descendit sans un mot et marcha jusqu'à la barrière. Puis il revint :

« C'est un autre champ ouvert, un grand champ, qui descend jusqu'à ce qui ressemble à un ruisseau. Il y a quelques arbres là-bas, mais pas assez… pas une couverture épaisse comme celle-ci. Et après cela, on dirait une lande dégagée.

— Qu'allons-nous faire ? »

Peter tapota distraitement le petit balai. Il se racla la gorge.

« C'est ridicule. J'ai entendu ce qu'ils disaient. C'est évident ce que nous allons faire. Je te l'ai déjà dit, dans le jardin du docteur Dee. Si je reste ici et que tu continues, au moins l'un de nous a une chance. Tu prends les deux chats et nous pourrions convenir d'un signal. Si je sors de l'autre côté des bois et que je les attire, cela te donnera une longueur d'avance. Et si tu es toute seule sur le balai, tu pourras aller beaucoup plus haut que les nuages avant qu'ils ne comprennent ce qui s'est passé. Et avec cette avance…

— Mais et toi ?

— Ça ira. Je retournerai dans la forêt avant qu'ils ne voient que je suis tout seul.

— Mais, l'interrompit Mary, ce n'est pas comme dans le jardin du docteur Dee. Ils savent que tu es là. Dès qu'ils verront que tu n'as même pas de balai – et ils finiront par comprendre, tôt ou tard – ils retourneront te chercher.

— Ils ne me trouveront jamais. Il fait nuit noire.

— Et au matin ?

— Les bois sont grands. Je grimperai à un arbre. Et tu auras eu le temps de revenir avec de l'aide.

— Sur un balai ? demanda Mary. Avec ton père, le pasteur, et puis l'agent Buffin et le vieux Zébédée à vélo ? »

Malgré leur détresse, Peter éclata de rire :

« D'accord, tu ne pourras pas te servir du balai.

— Je ne connais pas le chemin sans le balai, ajouta Mary d'un air grave. Et tu as dit que tu ne t'en souvenais pas non plus. Ça ne va pas, Peter. Nous devons nous en sortir ensemble ou pas du tout. »

Elle hésita, tirant distraitement entre ses doigts la fronde d'une fougère. Puis elle le regarda droit dans les yeux. *Quel étrange sentiment que de repenser à la Mary Smith que j'étais deux jours plus tôt… timide et flegmatique… Je n'aurais jamais parlé comme ça.*

« Et ne crois pas que je ne me sois pas rendu compte que tu as volé à ma rescousse deux fois, Peter, en te mettant en danger. C'est ensemble ou pas du tout.

— OK », lui répondit Peter volontiers.

Il n'a jamais dû être timide de sa vie, pensa Mary.

« Eh bien, nous allons devoir trouver un plan B. Et *Le Mystère des sortilèges* ? N'y a-t-il pas quelque chose qui pourrait nous aider dans le livre ?

— Non, j'y ai pensé, il n'y a rien. Il n'a que le sortilège pour rompre tous les sortilèges en lui-même, et tout ce qu'il fait, c'est annuler toute magie qui se trouve à portée. Et puis, il désensorcellerait notre petit balai. Et même si je partais et te laissais le sortilège pour rompre tous les sortilèges pour te protéger, tu risquerais de te perdre ou nous n'arriverions pas à te trouver. »

Elle tourna la tête dans la direction de la percée étoilée qui se dressait au bout du chemin.

« J'ai l'impression que nous sommes dans un pays très différent du nôtre, et pas simplement éloigné par la distance.

— Écoute, lui lança Peter, ne te fais pas tant de bile. Nous nous en sommes bien sortis jusqu'à présent, n'est-ce pas ? Nous allons trouver quelque chose. De toute façon, je ne serais pas tranquille si je devais utiliser ton sortilège pour rompre tous les sortilèges. Imagine que je le lance alors que ton balai se trouve encore à portée, en pleine ascension à 150 mètres ! Réfléchissons.

— Pour commencer, laissons le petit balai se reposer, lui répondit Mary. Et caressons-le un peu. Il a l'air d'aimer ça. »

Elle descendit de sa monture, qu'elle flatta de sa main couverte de vol-de-nuit. Il avait l'air d'apprécier au plus haut point. Il se frottait contre elle en ronronnant…

Non, il ne ronronnait évidemment pas. Mary tourna la tête d'un geste brusque. C'était Tib, au niveau de son oreille, qui s'était mis à ronronner tout à coup. Sa tête était redressée, oreilles aux aguets, en direction de la forêt profonde, où quelqu'un – quelque chose – s'approchait d'eux.

XIII

Chapitre 13

Cerf, cerf, couvre-moi

« Quelqu'un arrive, s'exclama Peter. Monte vite. On dirait que l'un d'eux bat les fourrés pour nous débusquer, tandis que l'autre…

— Non, l'interrompit Mary. Tib ronronne. Et regarde, le petit balai n'a pas bronché. Ne bouge pas et écoute. »

Ils attendirent, immobiles, les yeux rivés sur les ténèbres de la forêt profonde. Les bruits s'amplifièrent.

Ce n'était pas une personne, mais un groupe de personnes ou de créatures qui s'approchaient lentement à travers l'épais sous-bois. Les fougères frémirent, déversant une pluie de rosée. Toutes les senteurs de la forêt s'élevèrent, le mélèze, les fleurs de mûrier sauvage et le chèvrefeuille de Maack, rehaussées par le parfum capiteux du lierre. Puis, les buissons s'écartèrent, et dans la lueur des étoiles, les bois luisant de rosée et la robe lustrée, en sortit un magnifique cerf. Derrière lui, une harde de daims délicats suivait en rangs serrés.

Tib poussa un cri étrange, étouffé, provenant du tréfonds de sa gorge, un cri que Mary avait entendu pour la dernière fois dans l'horrible chambre forte. Sur l'épaule de Peter, le chat gris miaula doucement et se mit à ronronner.

« Ce sont les daims qui étaient ensorcelés, déclara Mary avec enthousiasme. Je les ai libérés grâce au sortilège pour rompre tous les sortilèges. Ils sont peut-être venus nous aider ! »

Le cerf s'avança vers eux, tendant sa superbe tête vers elle. Il souffla des naseaux deux fois, une fois vers Mary et une fois vers Tib, juché sur son épaule, avant de se tourner vers Peter, les oreilles dressées.

« Peter est mon ami, s'empressa d'ajouter Mary. Il est venu sauver Gib. »

Le grand cerf avança d'un pas pour renifler le torse du garçon, puis il fit demi-tour, trottant en direction de la clôture qui entourait la forêt et se tint là, sa magnifique tête bien droite, regardant par-dessus son épaule.

« Je me souviens de lui, renchérit Mary. C'était cette pauvre créature recouverte de fourrure miteuse. Mme Mumbletchouk se moquait de lui et le martyrisait. Je suis sûre qu'il est venu nous aider. Mais comment ? Que peut-il faire ?

— Il nous indique d'aller par là, lui répondit Peter. Viens. »

Mais Mary ne bougea pas.

« Je ne vois pas comment. Écoute, on entend toujours les deux autres au-dessus de nos têtes. »

Les autres daims les entouraient complètement à présent, se resserrant autour d'eux. Peter rit, montrant du doigt le troupeau de têtes, rehaussées d'yeux luisants.

« C'est un convoi, expliqua-t-il d'un ton enjoué et confiant. Tu ne comprends pas ? Si nous sortons des bois au milieu du groupe, Mme Mumbletchouk et le docteur Dee ne pourront pas nous atteindre, même s'ils nous voient. Et il se pourrait bien que nous passions complètement inaperçus au milieu de toutes ces ombres en pleine course. Viens, c'est notre meilleure chance.

— Tu crois vraiment… ? » demanda Mary avec scepticisme, avant d'être interrompue par le petit balai.

On ne pouvait pas vraiment dire qu'il agitait la tête et piétinait le sol, mais l'effet était le même. Il bondit dans ses mains, de toute évidence impatient, les incitant à partir.

« D'accord, lança-t-elle en sautant sur sa monture. Accroche-toi, Tib ! Saute, Peter, sinon le petit balai va partir avec moi. »

Peter bondit à califourchon sur leur destrier et s'accrocha. Les chats s'agrippaient de toutes leurs griffes en ronronnant comme des voitures de course. Autour d'eux, les daims sautaient et gambadaient, leurs sabots délicats marquant à peine le sol, et avec eux le petit balai faisait des cabrioles. Le grand cerf redressa la tête, souffla des naseaux puis, sans élan, il sauta par-dessus la clôture et s'en alla dans la nuit étoilée. Les daims s'engouffrèrent derrière lui, et au milieu, une ombre parmi les ombres bondissantes, volait le petit balai.

D'un mouvement aisé, ils avaient franchi la clôture, passé le fossé pour se retrouver à champ ouvert – et tout à coup ils galopaient, les daims gambadant à longues foulées fluides tout autour d'eux. Dans un remous de bois, de grands yeux noirs brillaient dans la lumière des étoiles, des queues blanches les devançaient à toute allure, des sabots délicats crépitaient sur l'herbe comme de la grêle. Les robes baignées de rosée frôlaient les jambes des enfants, et sous eux, la prairie herbeuse défilait à toute vitesse à mesure que la harde dévalait sans le moindre effort, aussi silencieusement que son ombre, la longue pente qui menait au ruisseau. Une haie surgit, l'espace d'un instant, avant de disparaître sous leurs pieds comme une simple rangée de chardons. Le ruisseau, scintillant et bouillonnant, jaillit sous eux et se replongea dans le silence. Un mur de pierres se profila, et le petit balai, prenant son élan, s'élança par-dessus avec son chargement tandis que les daims s'élevèrent avant de retomber comme une grande vague déferlante, et la course continua.

Soudain, les oiseaux les accompagnaient, eux aussi. Un vanneau déboula des ténèbres en piaillant, suivi d'un vol d'hirondelles, dans un cri strident, puis ce fut le tour des merles, grives, pigeons, moineaux – tous les oiseaux libérés de ces affreuses cages ; des oiseaux qui auraient dû dormir, la tête sous l'aile, mais qui volaient maintenant avec la harde de daims pour protéger les enfants en fuite du danger qui planait au-dessus d'eux.

Car le danger était bien là. Pendant les premières minutes, semblait-il, la directrice et le docteur avaient cru que le torrent d'ombres qui avait quitté les bois au grand galop n'était qu'une harde de daims sauvages ; mais ils avaient dû décider d'en avoir le cœur net, car un des balais avait changé de cap pour se lancer à leur poursuite. L'autre continuait de voler en cercles pour surveiller les arbres où les enfants semblaient pris au piège.

C'était le docteur Dee qui était à leurs trousses. Le terrible sifflement familier de son balai retentissait au-dessus d'eux. Soudain, il plongea à pic, éparpillant les oiseaux dans toutes les directions, et un cri de triomphe enragé se fit entendre :

« Madame ! Madame ! Là ! Par ici ! »

Puis, sa baguette blanche brandie tel un fouet, le docteur Dee fonça en piqué au milieu des oiseaux, qu'il éjectait de toutes parts tandis qu'il essayait de rattraper les enfants au milieu de la harde galopante.

Mais celle-ci était la plus forte. À chaque fois que la baguette donnait un coup, elle touchait une ramure en mouvement, faisant jaillir des étincelles vertes, mais les daims continuaient de s'enfuir indemnes. Ils n'avaient pas peur ; il ne pouvait plus les ensorceler ; ils se resserrèrent autour des enfants et poursuivirent leur course. Le sorcier leur décochait des coups de sa baguette impuissante, et des flammes vertes glissaient sur leur robe comme de l'eau. Mary vit alors que tous les animaux les plus proches d'eux étaient des cerfs, tous armés de ramures. Une fois, lorsque la baguette fit feu à côté de sa tête, une paire de bois para le coup avec un craquement et une lumière vive comme un éclair, et le sorcier poussa un cri comme s'il avait été touché. Après cela, il s'éloigna jusqu'à une hauteur d'environ six mètres, et une fois de plus, les oiseaux resserrèrent les rangs.

Mais plus seulement pour se défendre. Cette fois-ci, ils attaquèrent. Et eux aussi étaient immunisés contre les coups de la baguette blanche. Ils étaient tous trop petits pour faire du mal au docteur Dee – les plus gros étaient les pigeons –, mais ce n'était pas une mince affaire de voler tout droit à travers une nuée d'oiseaux furieux évoluant en cercles et en piqués, qui ne se gênaient pas pour foncer droit sur son visage, attaquer sa tête de leurs pattes ou simplement l'aveugler en volant au niveau de ses yeux. Et son balai n'aimait pas ça non plus.

Il tanguait, ruait et essayait de se cabrer, tandis que le docteur, s'accrochant d'une main et balayant de l'autre les airs au hasard de sa baguette, manqua de peu de tomber une ou deux fois.

Mais il se rattrapa avant. Et, à mesure que les kilomètres défilaient à une vitesse vertigineuse, Mary et Peter voyaient que les daims commençaient à fatiguer. Quand, au-dessus du docteur Dee, encore fringante, et trop rusée pour descendre au milieu du tourbillon d'oiseaux et du rempart de ramures, apparut Mme Mumbletchouk.

Les enfants se trouvaient alors sur une pente, une longue pente qui dévalait la colline. De-ci, de-là, se dressaient des touffes de joncs, qui caressaient le ventre des daims au galop et effleuraient les pieds des enfants. À côté d'eux, sur la droite, ils percevaient le courant étincelant et bruissant de l'eau. Une rivière. Un torrent, qui dévalait des rapides rocailleux et des cascades mousseuses à pic. Puis soudain, à moins de 500 mètres de distance, au pied d'une longue pente, ils entrevirent ce qui ressemblait à une vaste étendue d'eau.

La mer ? se demanda Mary, pour la première fois en proie au désespoir. S'ils devaient traverser la mer, sans les daims, peut-être seulement avec l'aide précaire des oiseaux… et si le petit balai fatiguait…

« C'est la brume, cria Peter. Je t'ai dit que je m'y étais perdu en venant ici. Si nous arrivons à la traverser, nous saurons comment rentrer à la maison ! »

Ils dévalèrent la pente, entourés du tambourinement des minuscules sabots. C'est alors qu'elle la vit.

C'était bel et bien la brume, un immense lac blanc de brume, d'épaisses volutes comme des nuages. La lumière des étoiles illuminait la surface. La rivière s'y précipitait en cascade et s'y perdait, comme s'il existait réellement une mer ou un lac en dessous. Mais au moins, dès qu'ils auraient gagné l'épais abri de nuages, ils n'auraient plus besoin d'escorte ni de protection. Ils pourraient voler au rythme du petit balai, en sécurité, enveloppés, jusqu'à apercevoir de l'autre côté les familières lumières jaunes de Manoir-Rouge.

La nuée d'oiseaux tournoyait, comme des fantômes, transperçant les bords de la brume. La harde franchit la dernière pente, glissant sur l'herbe en projetant des touffes de-ci, de-là, avant de ralentir, passer au trot et s'arrêter le long de la rive rocheuse où la rivière se jetait dans la brume.

Le grand cerf se retourna, une vapeur tourbillonnant comme des nuages autour de ses épaules. La harde se sépara pour laisser les enfants pénétrer en toute sécurité dans l'abri que leur offrait la brume.

Et là, avec un cri et un dernier piqué désespéré, le docteur Dee s'abattit sur eux comme une météorite.

Il faillit les atteindre, mais le grand cerf s'élança dans les airs, par-dessus leur tête, et éjecta la baguette des mains du sorcier d'un coup de sa ramure. La baguette partit en vol plané. Elle heurta la surface de la rivière. Dans un sifflement de vapeur suivi d'un éclair, d'un craquement et d'un jet de fumée blanche, la baguette disparut, engloutie par la rivière bouillonnante.

Derrière les enfants, on entendit un autre craquement, une grande agitation suivie d'un fracas retentissant. La moitié d'un manche à balai cassé et un éparpillement de brindilles de bouleau rasèrent la joue de Mary. Puis tout devint flou et disparut ; le cerf, les daims, les oiseaux, la lumière des étoiles, tout s'évanouit lorsque le petit balai, sain et sauf, plongea la tête la première dans le nuage de brume.

XIV

Chapitre 14

Ce long voyage est fini

La brume n'était pas si épaisse finalement. À un moment, ils traversèrent une partie plus mince qui laissa entrevoir un bout de ciel, et Peter dit en haletant à l'oreille de Mary :

« Elle est toujours là. Tout en haut. Je ne pense pas qu'elle nous ait vus.

— Elle ne peut pas nous attaquer ici. Je crois que c'est de l'eau en dessous de nous, répondit Mary.

Tant que nous volons assez bas, nous sommes en sécurité.

— Et une fois sortis de là, nous serons chez nous. J'en suis sûr. Mais comment savoir qu'elle ne peut pas nous suivre jusque là-bas ? Après tout, nous avons pu passer de son côté de la brume. »

Mary se tut un moment. Elle n'y avait pas pensé. Mais c'était logique, après tout. Si la vol-de-nuit magique avait fonctionné à Manoir-Rouge, ils n'étaient peut-être pas à l'abri de Mme Mumbletchouk, même de leur côté de la brume.

Elle essaya de ne pas laisser sa voix trahir sa nervosité.

« Mais elle ne peut pas reprendre les chats, et est-ce qu'elle nous suivrait uniquement pour se venger ?

— À mon avis, elle veut récupérer *Le Mystère des sortilèges*, répondit Peter.

— Oh, mais bien sûr… Nous allons devoir l'utiliser d'une manière ou d'une autre, n'est-ce pas, pour nous protéger. Mais comment ? Réfléchissons…

— Pas besoin de nous mettre la rate au court-bouillon », ponctua Peter.

Il avait l'air serein.

« Dès que nous approcherons de la maison, tu pourras réciter ton sort, aussi fort que tu peux. Cela fera s'effondrer son balai et une fois au-dessus de nos terres, ce ne sera pas grave si cela désensorcelle le nôtre aussi.

— Mais notre cher petit balai…

— … veut être désensorcelé, poursuivit Peter. Tu ne le sens pas ? »

En effet, le balai avait fait un petit bond et deux sauts de cabri, et redoublait de vitesse à travers la brume.

« Tu vois ? lui demanda Peter. Il est probablement enchanté, lui aussi, et il est fatigué d'avoir à voler à toute heure du jour et de la nuit, à attendre là où on le pose, et à passer son temps à transporter de vieilles sorcières barbantes…

— Eh bien, merci ! s'offusqua Mary.

— Je ne parlais pas de toi. Quoi qu'il en soit, je suis sûr que les balais sont tout autant des prisonniers que les oiseaux et les daims. C'est pour cela qu'ils se comportent aussi mal. S'ils aimaient cela, est-ce qu'ils rueraient et essaieraient de désarçonner leurs cavaliers, comme des poneys rétifs ?

— Je crois que tu as raison, lui répondit Mary. Il ne m'a obéi qu'à cause de la vol-de-nuit.

— Qu'est-ce que c'est que ça ?

— Une espèce de sort, je suppose. »

Elle lui expliqua rapidement.

« Et voilà, ne cherche pas plus loin ! s'exclama Peter. Et je pense qu'il nous aide parce que nous l'avons bien traité. Mais il sera ravi d'être libéré de son sort et de pouvoir aller où bon lui semble et s'amuser à sa guise. N'est-ce pas, petit balai ? »

Sentant le petit balai frétiller et sautiller à ces paroles, Mary se dit que Peter avait probablement raison. De toute façon, ils devaient trouver un moyen de se débarrasser de Mme Mumbletchouk, et la seule manière était de se servir du sortilège pour rompre tous les sortilèges. Mais ils devraient l'orchestrer correctement s'ils ne voulaient pas tous courir à la catastrophe…

Elle ouvrit la bouche pour lui en faire part, quand elle sentit la main de Peter sur son bras, et se rendit compte que la brume se raréfiait autour d'eux. Devant eux se dressaient des ténèbres ininterrompues et, de temps à autre, ils apercevaient en dessous d'eux d'autres ténèbres qui ne semblaient pas si insondables, mais qui attrapaient et reflétaient des lueurs éparses comme les ondulations à la surface de l'eau.

Le jour allait bientôt se lever. Tout autour d'eux, une lueur effleurait la brume, l'infusant de couleur. D'ici peu, le sortilège pour rompre tous les sortilèges ne servirait plus à rien.

Tout à coup, ils sortirent du couvert de la brume, au-dessus d'un étroit rivage de galets luisants bercé par le clapotis et le murmure des vagues. Puis, au-dessus d'une prairie étoilée de pâquerettes dont la pâleur était révélée par la lumière grandissante.

Une fois sortis de la brume, ils entendirent la voix de Mme Mumbletchouk derrière eux, venant des airs.

« Stop ! » cria Mary, et le petit balai s'arrêta et s'assit.

Les enfants glissèrent par l'arrière et regardèrent le ciel, dans la direction d'où ils étaient venus.

Elle était là, un peu plus loin, au-dessus du lac de brume. Elle avait dû patrouiller en hauteur, aux aguets, comme le docteur Dee et elle avaient attendu au-dessus des bois pour voir par où ils sortiraient. Derrière elle, le ciel blanchissait, les étoiles s'estompaient dans une bande de lumière rose ondoyante. Mais la magie qui l'entourait brillait encore, verte et maléfique. Des étincelles jaillissaient du bas de son balai, qu'elle faisait tournoyer sauvagement dans les airs et plaça sur une trajectoire qui allait tout droit vers le petit groupe au sol.

« Je vous tiens ! hurla-t-elle d'une voix perçante. Vous êtes à moi ! Mon livre ! Mon livre ! »

Et elle ordonna à son balai de plonger.

Les chats crachaient ; même Peter semblait terrifié. Mary sortit le recueil de sa poche, et fouilla cette dernière à la recherche de sa lampe torche. Mais elle n'en eut pas besoin. Dans sa main, le grimoire s'ouvrit à la page du sortilège pour rompre tous les sortilèges, dont les mots brillaient nettement en rouge. Droite comme un i, sans bouger d'un pas, tandis que la lumière s'intensifiait avec l'aube naissante et que la sorcière s'abattait sur eux comme un astéroïde maléfique, Mary récita, haut et clair, le sortilège pour rompre tous les sortilèges.

La sorcière l'entendit. Ils la virent éperonner son balai pour le forcer à redoubler d'allure et atteindre le sol avant la fin du sort. Ils la virent regarder par-dessus son épaule vers la lumière grandissante, qui reprendrait à Mary les pouvoirs que le sortilège lui avait donnés. Mais c'était peine perdue. Mme Mumbletchouk était toujours loin au-dessus de la brume, et les dernières étoiles étaient encore visibles, quand Mary conclut triomphante.

« … la ronde dansante des jours ! » énonça Mary (ou quelque chose de ce style), et, comme auparavant, tout se produisit en même temps.

Le balai volant perdit son cap et plongea, comme une pierre, dans la brume. On entendit un cri, un énorme « plouf », puis le silence brisé seulement par un grésillement comme celui d'un métal plongé dans l'eau, et tout à coup un clapotis sur les galets du rivage. À côté des enfants, le petit balai bondit, rua, ébroua ses brindilles de bouleau et disparut. Et dans une explosion d'or, de pourpre et de lumière bienfaisante, le soleil se leva.

Les deux enfants et les deux chats regardèrent autour d'eux tandis que la lumière dorée envahissait le ciel.

Ils se trouvaient au milieu d'une grande prairie où paissaient des vaches, indifférentes à ce qui venait de se passer. Devant eux, une étroite bande de galets longeait non pas un lac de brume, mais une rivière. La brume s'était évanouie. Et le cours d'eau semblait vaguement familier à Mary.

« Là, lança Peter, à côté du pont. C'est mon vélo. Je me disais bien que je connaissais cet endroit. Nous sommes à un peu moins de cinq kilomètres de chez nous. Tu peux t'accrocher à l'arrière ? »

Personne n'avait remarqué son absence. À Manoir-Rouge, la porte d'entrée n'était pas fermée à clé, et lorsque les enfants eurent fait leurs adieux – « Et à demain matin », avait ajouté Peter –, Mary entra discrètement avec Tib, ferma à clé derrière elle et se faufila dans sa chambre. L'horloge comtoise, qui s'approchait de 5 h 00, se contenta de lui décocher un clin d'œil de cuivre et poursuivit paisiblement son tic-tac.

La chambre de Mary était telle qu'elle l'avait laissée, à une différence près. La vol-de-nuit avait disparu de son verre à dents. Et quand elle retira son manteau et plongea la main dans la poche, elle n'y trouva qu'une lampe torche. *Le Myſtère des ſortilèges* s'était évanoui, lui aussi.

Piétinant le dessus-de-lit en décrivant des cercles, ronronnant, apparemment satisfait et tombant de sommeil – et on le serait à moins – se tenait un chat on ne peut plus ordinaire, qui n'essaierait plus jamais, Mary en était sûre, d'être un chat de sorcière.

« J'ai reçu une lettre de tes parents », l'informa Grand-Tante Charlotte dans la matinée.

Elle était descendue, plus tôt qu'à son habitude, pendant que Mary terminait son petit-déjeuner. L'espace d'un instant, la fillette eut peur que la vieille dame n'eût découvert ses aventures nocturnes, mais Grand-Tante Charlotte était aussi sereine qu'à l'accoutumée et semblait ravie des nouvelles qu'elle détenait.

« Ils rentreront au début du mois d'octobre, l'informa Grand-Tante Charlotte, et j'ai le plaisir de t'annoncer qu'ils envisagent d'acheter une maison dans la région. Il y a une superbe demeure à moins de cinq kilomètres d'ici, qui sera bientôt libre. Elle est entourée d'un magnifique jardin traversé par un cours d'eau. Que se passe-t-il, mon enfant ?

— Une maison près d'un cours d'eau ? s'enquit Mary.

— Au tarot ? Mais bien sûr qu'ils jouent au tarot. C'est l'une des raisons pour lesquelles je serais ravie de les avoir tout près. Ta mère est plutôt inégale, mais ton père est un excellent joueur, et ce cher pasteur…

— Je voulais dire – aucune importance, répondit Mary. Je connais cette maison, Tante Charlotte. Elle est très belle. Et j'adorerais vivre près d'ici.

— Et tu ne seras plus si seule, avec ton frère et ta sœur ? »

Grand-Tante Charlotte lui tapota affectueusement l'épaule.

« Mais les bonnes nouvelles ne s'arrêtent pas là. Le pasteur – notre cher pasteur – est rentré hier. Son fils Peter a à peu près ton âge. Je suis sûre que vous serez contents tous les deux d'avoir un camarade.

— Oui, ce serait formidable. »

Mary fixait son assiette pendant que sa grand-tante parlait. Elle leva les yeux :

« Tante Charlotte, si nous emménageons ici, est-ce que je pourrais garder Tib, s'il vous plaît ?

— Tib ? Oh, le chat. Pourquoi pas, si tes parents n'y voient pas d'objection. Et puis Confucius n'est pas ravi de sa compagnie. D'ailleurs, je ne suis même pas sûre que ce soit le chat de la maison. Vous le savez, madame Marjribanks ?

— Ce n'est pas le chat de la maison, rétorqua Mme Marjoribanks d'un ton résolu. Et il a l'air de s'être étrangement attaché à Mary. »

Cette dernière fixa de nouveau son assiette. Elle avait l'impression que Mme Marjoribanks l'observait très attentivement ce matin. Était-il possible qu'elle eût entendu quelque chose ? Ou vu quelque chose ?

« Eh bien, répondit Grand-Tante Charlotte calmement, Mme McLeod devrait le savoir. Nous pouvons le lui demander. Maintenant, ma chère enfant, va t'amuser. Je crois que je vais aller voir Zébédée au sujet des roses. »

Elle déposa distraitement un baiser sur la joue de Mary et sortit, Confucius se dandinant derrière elle. Mme Marjoribanks se leva, sonna la clochette indiquant à Mme McLeod de venir débarrasser et rejoignit prestement son fauteuil pour prendre son ouvrage. La journée s'annonçait bien occupée, comme d'habitude, se dit Mary, mais à présent elle allait voir Peter, et Tib l'accompagnait.

C'est alors que celui-ci – peut-être encore empreint d'une touche de magie – sauta sur le rebord extérieur de la fenêtre. Mary traversa la pièce pour lui ouvrir. Le soleil brillait dans le ciel, et Zébédée était au milieu de la pelouse, occupé à rassembler les feuilles à l'aide de son grand balai, un balai on ne peut plus banal, qui faisait exactement ce qu'on lui disait.

Le cliquetis des aiguilles à tricoter s'arrêta soudainement. En levant les yeux, Mary aperçut Mme Marjoribanks, le regard rivé sur le balai, elle aussi, avec une étrange lueur dans les yeux.

Tout à coup, des souvenirs lui revinrent ; les craquements de brindilles la première nuit où Tib avait sauté sur le rebord de la fenêtre – le fracas d'un corps lourd dégringolant trop rapidement sur un balai récalcitrant. Et puis il y avait eu la raideur de Mme Marjoribanks le lendemain au petit-déjeuner, et le regard qu'elle avait échangé avec Tib. Enfin, rejaillit le souvenir de quelqu'un, quelque part – un souvenir vague et brumeux, qui ne faisait que s'estomper –, quelqu'un qui écrivait dans un immense registre, pour la seconde fois : « Mary Smith, Manoir-Rouge, Shropshire… »

Mary comprit tout. Cette pauvre Mme Marjoribanks avait été le premier choix de Tib, mais elle ne s'était pas entendue avec lui, et n'avait jamais trouvé la vol-de-nuit, n'avait jamais eu le pouvoir de piloter le petit balai, de déverrouiller les serrures, de trouver – qu'avait-elle trouvé déjà ? Et où ?

À ses côtés, Tib ronronnait, faisant le dos rond contre elle. Elle se pencha pour lui chuchoter à l'oreille :

« Tu nous as essayées toutes les deux, n'est-ce pas, pour libérer ton ami Gib de… de je ne sais plus où. Pauvre Mme Marjribanks ! Elle ne saura jamais ce qu'elle a raté – quelle aventure… »

Elle fit une pause. Il ne faisait aucun doute qu'une fois son sommeil rattrapé, elle se souviendrait de tout parfaitement…

Mme Marjoribanks, qui ne saurait jamais ce qu'elle avait raté, déballait un nouvel écheveau de laine d'un ton vert assez déplaisant.

« C'est formidable, ma chère, que tes parents envisagent de s'installer près de chez nous. Bien sûr, tu devras aller en internat, mais tu t'y plairas, n'est-ce pas ? Évidemment que tu t'y plairas – de toute façon, tu n'auras pas le choix, puisque… »

Elle fit une pause et fixa Mary d'un œil.

« Puisqu'il n'y a aucune école d'aucune sorte près d'ici. »

Elle s'arrêta à nouveau.

« D'aucune sorte, répéta-t-elle fermement.

— Plus maintenant », répondit Mary dans sa barbe à Tib, assis à côté d'elle.

Celui-ci sourit d'un air entendu.

Personne ne sut jamais comment le bosquet de bouleaux s'était retrouvé là, en aval de la rivière, juste à côté du vieux pont de pierre. Ils avaient poussé comme par magie, ces bouleaux – tout du moins aux dires du père de Mary, qui avait acheté le champ et la maison voisine. Et quelque temps plus tard ils se dressaient là, avec leur taille adulte, dorés au printemps, verts en été, et à l'automne, ornés d'un riche camaïeu d'orange, brun roux, ambre et de toutes les couleurs du crépuscule.

Mais en hiver, lorsque les arbres étaient nus, de la couleur d'un raisin sec, efflorescents de violet, se découpant sur le haut venteux, on entendait le vent s'engouffrer dans leurs branches, sifflant comme un objet volant ; et une myriade de minuscules brindilles s'entrechoquaient comme des sabots de daims au galop, et au-dessus, des oiseaux virevoltaient, piaillant et criant, dans le ciel d'hiver.

Mais Mary, qui était en internat et se rendait rarement dans les bois à cette saison, n'entendit jamais rien de tout cela.

Et même si elle l'avait entendu, elle ne s'en serait pas souvenue.

Un message de l'autrice

Il se peut que certains lecteurs ne croient pas aux balais magiques. Je ne peux que citer la lettre que j'ai reçue de MM. Harrods, Ltd, en réponse à ma demande concernant les prix de leur gamme.

Bien sûr, la demande pour ce type de produit reste limitée et, compte tenu des considérations modernes au sujet de la couleur, du poids et de l'emploi de matières plastiques, bien éloignées d'une recherche de confort, ceux-ci ne peuvent être confectionnés que sur commande très spéciale. Au cours des dernières années, l'HÉLIBALAI a remporté un franc succès, que ce soit comme moyen de transport ou, avec l'option payante du système de télécommande, comme outil pour le traditionnel nettoyage des déchets du jardin. Nous nous permettons de vous suggérer un modèle en plastique renforcé en fibre de carbone équipé de poils en nylon, qui pourrait être manufacturé en noir, en brun ou en coloris pastel. Le moteur à deux temps est confectionné en aluminium, pour plus de légèreté, tout comme les rotors. La lubrification n'est nécessaire que tous les 100 ans ou 1 500 000 kilomètres. Le modèle peut être équipé d'accessoires payants : un télescope assorti et un percolateur.

Toute commande étant passée sur mesure et le délai d'attente pour un HÉLIBALAI pouvant s'élever à plusieurs années, nous vous serions reconnaissants de confirmer votre commande dans les meilleurs délais. Le tarif de base serait de 874,75 E.

Si je ne m'abuse, il existe aujourd'hui un modèle allemand plus abordable, mais la critique qui en était faite dans le dernier numéro de *Whoosh Magazine* n'était pas bonne. C'est l'Hélibalai qui conserve le meilleur rapport qualité-prix.

M. S.

Dépôt légal : février 2021
ISBN : 978-2-37697-156-6

Imprimé par L.E.G.O. S.p.A. en Italie